UN DÉPORTÉ

A

CAYENNE

POISSY. — IMPRIMERIE DE A. BOURET.

UN DÉPORTÉ

A

CAYENNE

SOUVENIRS DE LA GUYANE

PAR

ARMAND JUSSELAIN

PARIS

MICHEL LÉVY FRÈRES, LIBRAIRES ÉDITEURS

RUE VIVIENNE, 2 BIS, ET BOULEVARD DES ITALIENS, 15

A LA LIBRAIRIE NOUVELLE

—

1865

Tous droits réservés

UN
DÉPORTÉ A CAYENNE

SOUVENIRS DE LA GUYANE

I

Au mois de février 1854, la *Cérès*, mouillée en rade de Toulon, attendait les derniers ordres pour prendre la mer.

Ce bâtiment est un des deux *transports-mixtes* qui, encore aujourd'hui, font chaque année le tour de nos possessions d'Amérique. Ils ont pour mission de rapatrier les employés du Gouvernement et les militaires, dont la santé est compromise par le climat des Colonies et auxquels un plus long séjour dans ces pays pourrait devenir fatal. Cette destination toute spéciale leur a fait donner le nom de *frégate-hôpital*.

Ne vous attendez pas à mener sur ces navires la vie agréable que promettent, trop facilement du reste, aux voyageurs les peintres de la mer. Au départ, on quitte la France pour de longues années; quelquefois pour toujours. Au retour, la joie de revoir la patrie est tempérée souvent par vos propres souffrances, ou la vue des visages pâles et maladifs de la plupart des passagers. Il n'est pas rare alors que la traversée soit attristée par quelque funèbre cérémonie.

Appelé à tenir garnison à la *Guyane*, j'étais au nombre de ceux que la *Cérès* devait débarquer à Cayenne. Ce départ pour une colonie lointaine, dont je ne pouvais revenir que quatre années après, ne me souriait pas, surtout en ce moment. On parlait dans nos ports de mer, de guerre avec les Russes, et les officiers que leur tour de service désignait pour les Colonies, enviaient le sort de leurs camarades qui, plus heureux, ne quittaient pas la France.

Aussi tentai-je quelques démarches pour obtenir une permutation. Mais ma demande ne fut pas favorablement accueillie : force me fut donc de me résigner à prendre le chemin de la Guyane.

Mes notions sur ce pays étaient alors assez vagues. J'avais pu me renseigner cependant auprès de personnes qui y avaient résidé. Mais on ne vit jamais, sur un même sujet, d'opinions plus contradictoires. Après des raisons fort spécieuses à l'appui de leur dire : « C'est un enfer, concluaient les uns. C'est un paradis, affirmaient les autres. » Suspendu ainsi entre le ciel et l'enfer, un malheureux désire savoir au plus tôt de quel côté il tombera. Rien ne pèse comme l'incertitude. Pour en sortir, je fis, pendant le peu de jours qu'avant mon départ je passai à Paris, d'assez fréquentes stations à la bibliothèque impériale. J'espérais y trouver quelques données certaines sur les avantages et les inconvénients de ce pays trop décrié, pensais-je, par les uns, trop vanté, peut-être, par les autres.

Hélas ! Les quelques livres que je lus à la hâte ne firent qu'accroître mon embarras.

Dans quelques uns, écrits par des hommes qui avaient fait un long séjour à la Guyane, je voyais que, « le pays est très-sain, même pour les Européens ; qu'il jouit d'une fertilité extraordinaire, etc., etc... »

Parmi ces narrateurs optimistes, j'en distinguai un tout particulièrement. C'était un vétéran blanchi sous le harnais, le général d'artillerie *Bernard*, qui, après une carrière honorablement remplié, s'était retiré dans cette Thébaïde. Débutant alors dans le métier des armes et animé de la foi des néophytes, j'étais, certes, disposé à tenir pour bon le témoignage de ce vieux guerrier.

Venaient ensuite des écrivains, qui, renchérissant sur les premiers, soutenaient que « la Guyane pourrait être, si le Gouvernement y portait ses soins, une source inépuisable de richesse pour la mère-patrie. » Ceux-ci, j'aurais souhaité, on le croira sans peine, voir la raison de leur côté.

Mais voici que d'autres, parmi lesquels des administrateurs remarquables, comme *Malouet*, et quelques victimes de nos dissensions politiques, dont les récits sont empreints d'un accent de résignation philosophique de nature à dissiper toute défiance, représentaient, au contraire, la Guyane comme une terre inhabitable pour la race blanche.

Barbé-Marbois, dans son *Journal d'un Déporté non jugé*, dit en propres termes : « La Guyane est pour notre race une vaste infirmerie, où tout l'art du médecin consiste à retarder la mort du malade. »

Qui croire ?... De guerre lasse, je pris le parti de ne m'en rapporter qu'à moi-même, et d'attendre pour démêler le vrai du faux que je fusse arrivé dans le pays.

Au milieu de ces divergences d'opinions, une

chose me consolait heureusement, c'est que tous ces écrivains s'accordaient sur ce point, que la Guyane est une contrée presque inconnue, et qu'on y trouve une nature toute différente de la nôtre et fort curieuse à observer.

Un décret du 8 décembre 1851 avait désigné cette colonie comme lieu de transportation pour les repris de justice en rupture de banc, et les affiliés aux sociétés secrètes. Les déportés devaient être employés à la colonisation du pays. Donnant un plus grand développement à ce système, le Gouvernement l'avait étendu ensuite aux hommes condamnés aux travaux forcés dans la métropole, et aux individus d'origine africaine et asiatique, condamnés à la même peine et à la réclusion par les tribunaux de nos quatre grandes colonies.

L'œuvre nouvelle qui s'élaborait à la Guyane devait, je l'espérais du moins, appeler tous ceux qui voudraient y travailler, à parcourir le pays dans tous les sens, pour en étudier la configuration, le climat et les ressources. Il y avait, pour un officier jeune et animé du désir de bien faire, quelque chance d'y trouver un emploi plus utile et plus varié de son temps que dans nos monotones garnisons des Antilles.

Ma foi, pensai-je, puisque le sort contraire me

force de quitter la France en ce moment, colonie pour colonie, autant être *déporté à Cayenne* qu'ailleurs.

Dès mon arrivée à Toulon, j'appris que la *Cérès* transportait à la Guyane un convoi de cinq-cents condamnés. La présence à bord de ces passagers tant soit peu exceptionnels pouvait nous valoir une traversée pittoresque. C'était, cette fois, une bonne fortune.

Le jour de l'appareillage, je ne manquai pas d'assister à l'embarquement de nos compagnons de route.

Un fort piquet de troupes d'infanterie de Marine gardait les principales issues du port et surveillait l'opération. Chaque condamné répondait à la porte du bagne à l'appel de son nom. Là, on lui retirait sa chaîne. Il ne gardait que le cercle de fer, *la manille*, qui lui entourait la cheville du pied. Cet anneau, signe d'alliance entre le bagne et l'homme, il ne devait le quitter qu'au jour du divorce; c'est-à-dire, lorsqu'il toucherait le sol de la Guyane.

Ces malheureux s'acheminaient tous gaiement, entre deux haies de soldats, vers les chaloupes qui les transportaient à bord de la *Cérès*. A leur arrivée sur le pont, on en faisait de nouveau l'appel. On les fouillait pour s'assurer qu'ils ne possédaient ni armes, ni matières combustibles. Ils descendaient ensuite, par le grand panneau, dans le faux-pont, qu'on avait disposé pour les recevoir.

A babord et à tribord, de fortes grilles le divisaient en deux longues salles, assez semblables à celles où l'on enferme, au *Jardin des Plantes*, les animaux féroces. Un couloir avait été ménagé entr'elles, pour la surveillance et le service. Armées de sabres d'abordage, des sentinelles s'y promenaient déjà à notre arrivée. On avait placé, de distance en distance, de grands fanaux qui, contrairement aux usages établis sur les navires de guerre, devaient éclairer la scène *a giorno*, pendant toute la traversée.

En approchant de la frégate, nous avions remarqué encore que les sabords en avaient été garnis de solides barres de fer. Ce navire ressemblait ainsi à une prison flottante... Prison au départ, hôpital au retour : il devait être difficile d'y rêver au ciel bleu et aux brises parfumées des Tropiques.

A peine le dernier forçat embarqué, le 20 février, à dix heures du matin, la *Cérès* se hâta de lever l'ancre.

Les personnes qui avaient accompagné des officiers de la frégate ou quelque passager, furent invitées à regagner la terre. On se serrait les mains;

on s'embrassait, en disant : Au revoir ! Quelques-uns détournaient la tête pour essuyer une larme.

Les canots, qui n'appartenaient pas au navire, s'éloignèrent bientôt un à un. L'hélice commença à faire trembler le pont, et la *Cérès* se mit en mouvement.

Sur la dunette de la frégate, tous les yeux étaient tournés vers le rivage.

Qui a quitté, ne fût ce qu'une fois, la France n'oubliera jamais l'émotion qu'on éprouve, en voyant disparaître d'abord les amis, qui de la plage vous envoient un dernier adieu, puis les maisons, parmi lesquelles chacun cherche du regard celle où il laisse une partie de lui-même, au moins par le souvenir; enfin, la terre, qui ne paraît plus bientôt que comme un nuage à l'horizon !... La vapeur a cela de bon, qu'en vous éloignant rapidement, elle abrège ces cruels moments...

Les premières heures qui suivent le départ sont tristes. Personne ne parle ; chacun s'isole dans sa douleur et ses regrets. Quelques vieux renards endurcis, plus rompus aux habitudes du bord, et qui savent que, là surtout, est vrai le proverbe : « *Comme on fait son lit on se couche,* » s'occupent seuls des petits travaux d'installation, destinés à leur assurer un gîte convenable pour le reste de la traversée...

Mais bientôt une émotion nouvelle s'empare de vous, qui absorbe toutes les autres : c'est celle du mal de mer. De quelque peu de coquetterie qu'on soit doué, on éprouve alors le besoin de se retirer dans sa *cabine*. Deux ou trois jours après, on en sort, le visage légèrement pâli. Sur le pont, on ne voit que gens consolés qui causent gaiement, on soupire une dernière fois, et l'on s'efforce d'oublier !...

II

Nous quittâmes la France par un temps splendide, qui nous favorisa jusqu'à notre arrivée à la Guyane. L'air de la Méditerranée est déjà tiède à la fin de février. Nous passâmes donc, sans une trop brusque transition, comme cela arrive, quand on part pendant l'hiver de Brest ou de Cherbourg, de nos latitudes froides à la zone intertropicale.

Au bout de quelques jours, la mer, calme comme un lac, était à peine ridée par les vents *alisés*. On put ouvrir les sabords; la batterie qu'occupaient les transportés se trouva dès lors continuellement aérée. Aussi quoique ces cinq-cents hommes fussent enfermés dans un espace relativement restreint, il y eut peu de malades, et nous eûmes la chance de ne jeter aucun cadavre à la mer pendant la traversée...

Il faut dire qu'on traitait ces condamnés avec beaucoup d'humanité. S'il était défendu aux soldats et aux matelots de leur adresser la parole sans nécessité, il leur était ordonné aussi, quand une circonstance quelconque exigeait qu'ils leur parlassent, de le faire sans brutalité. Pour la nourriture, ils recevaient, sauf le vin et l'eau-de-vie, la même ration que l'équipage. De plus, on n'eut pas recours une seule fois aux peines corporelles, naguère encore en usage dans la marine, et que les règlements autorisaient à appliquer ici. Il en résulta que pas la moindre tentative de révolte, pas la plus petite scène tragique ne vint rompre la monotonie de la traversée. J'en suis fâché pour le pittoresque qu'y eût gagné mon récit, tout se passa aussi paisiblement que si nous avions eu pour voisins les gens les plus vertueux du monde. Même, le dimanche, c'étaient deux d'entr'eux qui servaient la messe, dite par l'aumônier de la frégate, tandis qu'une dizaine d'autres, sous la direction d'un des leurs, improvisé maître-de-chapelle, chantaient les louanges du Seigneur.

En voyant ces forçats si doucement traités, on pensait involontairement à d'autres exilés qui avaient suivi autrefois la même route, pour aborder aux mêmes rivages.

Ceux-là, c'étaient des hommes qui avaient occupé dans leur patrie les plus hautes positions sociales ; quelques-uns y avaient rendu d'illustres services.

Quelle différence pourtant, à soixante ans à peine d'intervalle, entre le sort des uns et celui des autres !

Lisez les mémoires de *Barbé-Marbois*, et vous verrez à quelles tortures ses compagnons d'infortune et lui étaient soumis. La plupart du temps, ils n'avaient pour nourriture que des vivres avariés. Souvent, ils souffraient cruellement de la faim.

Il y a dans ces mémoires une scène vulgaire, mais qui devient singulièrement émouvante, quand on considère quels en étaient les acteurs ; c'est celle où l'on voit des officiers du bord, touchés de leur misère, donner clandestinement à ces exilés, par une ouverture pratiquée dans la cloison, un « *gigot* » et quelques provisions.

Un autre déporté, le général *Ramel*, a peint aussi les souffrances de ces malheureuses victimes de nos discordes politiques : « Lorsqu'au huitième jour de notre traversée, dit-il, dans son *Journal* publié à Londres en 1799, on voulut bien nous laisser respirer pendant une heure chaque jour, trois seulement d'entre nous, *Tronçon-Ducoudray*, *Pichegru* et *Lavilleheurnois*, furent en état de profiter de cette permission. Tous les autres n'avaient plus assez de force pour sortir de l'entre-pont. Je fus moi-même vingt-huit jours sans pouvoir sortir de la fosse aux lions. »

Telles étaient, dès les premiers jours, les misères de ces infortunés, que *Barbé-Marbois* adressa au capitaine une lettre dans laquelle il demandait qu'avant de quitter la côte d'Espagne, on envoyât à terre un canot pour faire, aux frais des *déportés*, les provisions qui leur étaient indispensables.

« Il n'est pas possible, écrivait-il au commandant *Delaporte*, que vous ayez l'ordre de nous faire mourir de faim et nous devons croire que les barbaries que vous exercez contre nous sont un abus de votre autorité. Songez que vous pourrez vous en repentir un jour, que notre sang pèsera sur votre tête et que c'est peut-être à la France entière, mais certainement à nos familles, à nos pères et à nos fils que vous aurez à rendre compte de l'existence des hommes que le sort a mis entre vos mains. »

Le capitaine répondit : « Je n'ai point de vengeance à redouter. Je n'enverrai pas à terre ; je ne changerai rien aux ordres que j'ai donnés et je ferai sangler des coups de garcette au premier qui m'ennuiera par ses représentations. »

« Depuis que les maux violents causés par le mouvement des vagues avaient cessé, continue *Ramel*, la cruelle faim produisait parmi nous des effets différents... Le plus grand nombre étaient affaiblis, presque éteints, surtout *Tronçon-Ducoudray*, *Laffon-Ladebat* et *Barthélemy*; au contraire *Barbé-Marbois*, *Willot* et *Dossonville* avaient des accès de rage, et les aliments grossiers qu'ils prenaient en petite quantité ne faisaient qu'augmenter leur appétit dévorant.

» Je me souviens dans ce moment d'un trait plus remarquable, un seul mot, un cri qui fit frémir notre féroce capitaine. *Marbois* se promenait sur le pont et souffrait de la faim, jusqu'à ne pouvoir plus se contenir. Le capitaine passa tout près de lui : « J'ai faim ! j'ai faim ! lui cria *Marbois* d'une voix forte, quoiqu'altérée » et le regardant avec des yeux étincelants : « J'ai faim ; donne moi à manger, ou fais-moi jeter à la mer ! »

Après de pareilles tortures, ces exilés arrivaient à Cayenne dans le plus déplorable état.

Sur quatre-vingt-treize déportés qui se trouvaient sur la *Charente*, cinquante-cinq furent, pour cause de maladie, débarqués d'urgence à leur arrivée, et la seule corvette la *Bayonnaise* jetait huit cadavres à la mer pendant la traversée.

Il faut espérer que notre pays ne reverra jamais ces mauvais jours, que, conduit sagement par une main puissante à la liberté la plus complète, il en goûtera les bienfaits, sans en connaître désormais les tristes égarements. Ce que je puis assurer, dès à présent, c'est qu'on ne trouverait pas aujourd'hui, dans le corps de la marine, un seul officier pour exécuter ses instructions avec une telle barbarie.

La comparaison des traitements appliqués aux forçats en 1854 à ceux que subissaient, en 1797, des députés et des généraux ne vous semble-t-elle pas, ami lecteur, sans vouloir faire notre temps meilleur qu'il n'est, un assez éloquent plaidoyer en sa faveur [1]?..

Les passagers, placés dans des situations moins exceptionnelles, trouveront d'autres changements à bord des bâtiments qui font, de nos jours, ces longues traversées.

---

[1]. Il était réservé à une république, qu'on est trop habitué à citer comme modèle, de faire croire que la civilisation n'a pas fait un pas depuis un demi-siècle. Les inqualifiables traitements infligés récemment, et à la face du monde, à un illustre vaincu soulèvent encore plus l'indignation que les cruautés à huis-clos, que subissaient les *déportés de fructidor*. Celles-ci du moins, on pouvait les attribuer au zèle infâme de quelque subalterne.

Sur quelques rares navires du commerce, dont les capitaines sont de vieux loups de mer qui ont conservé les anciennes traditions, on cache encore soigneusement aux profanes la carte *routière*, sur laquelle est tracé chaque jour le chemin parcouru. La cabine où se calcule le *point* devient alors un sanctuaire. Le capitaine y va consulter le génie familier du navire... Le sextant, la boussole sont des instruments magiques; la carte de *Mercator*, un parchemin cabalistique.

Il y a tantôt vingt-cinq ans, — j'étais alors un enfant, — je fis un voyage sur un navire marchand, où les choses ne se passaient pas autrement.

Tout ce mystère ne déplaisait pas à certaines imaginations. Il avait, pour le capitaine, cet inappréciable avantage de faire de lui une sorte de demi-dieu pour la plupart de ses passagers, et de soustraire à leur contrôle les erreurs auxquelles il était exposé. Moins le capitaine était rompu à la pratique de *l'observation* et aux calculs de la trigonométrie, plus il s'enveloppait ainsi d'un nuage aux yeux de tous. Ce n'était pas sans terreur qu'on consultait l'oracle, aux jours de tempête, sur les aspects du ciel et les variations du baromètre! Et, comme cela arrive trop souvent en ce monde, plus il était ignorant, plus il était écouté.

Aujourd'hui qu'on exige des examens sérieux pour commander au *long-cours*, toutes ces petites manœuvres, fort innocentes au fond, ont disparu. Sur certains bâtiments, à bord des admirables *steamers* français, entre autres, qui font les voyages de New-York et des Antilles un bon exemple a même été donné : on affiche, chaque jour, dans le carré des passagers, *en chiffres connus*, la longitude, la latitude, le nombre de lieues parcourues, depuis le départ, et le nombre de celles qui restent à faire jusqu'à l'arrivée. C'est un usage qui devrait être imposé, soit dit en passant, à tous les navires qui prennent des passagers. Mais quel que soit celui sur lequel vous serez embarqué, si vous désirez connaître la situation du flot qui vous porte, interrogez poliment un des officiers, et je parie que la plupart du temps il s'empressera de vous satisfaire. Sur les bâtiments à vapeur, qui ne sont pas soumis comme les navires à voiles aux caprices du vent, vous pourrez savoir ainsi, à quelques heures près, le moment où vous poserez le pied sur le *plancher des vaches*, comme disent les matelots.

Le 26 mars, le commandant de la *Cérès* nous annonçait de lui-même que nous verrions le lendemain la terre des Guyanes. En effet, à la pointe du jour, la vigie, placée en tête du grand mat, cria : Terre !

A ce cri chacun quitta sa cabine avec un battement de cœur et se hâta de monter sur le pont. Plus d'une belle, dans son empressement, oublia, ce matin-là, les petits soins de coquetterie, dont elle ne s'était pas départie un seul instant depuis le premier jour de la traversée. Quelques-unes se montrèrent même dans des toilettes qui auraient provoqué le sourire en toute autre circonstance... Mais tous les yeux étaient fixés sur le même point. L'émotion avait gagné jusques aux transportés, qu'on voyait s'agiter derrière leurs grilles, comme des rats, pris dans une souricière.

III

La côte nous apparut d'abord comme une légère brume à l'horizon.

Vers six heures, la *Cérès* passa à quelque distance d'un rocher nu et assez élevé. On nous dit que c'était le *Grand Connétable*.

Quelques oiseaux de mer, qui y ont élu domicile, vinrent, en poussant des cris aigus, voltiger autour de la frégate.

Un peu plus loin, nous aperçûmes un autre rocher

moins gros que le premier. C'est le *Petit Connétable*.

A neuf heures, nous laissions à notre gauche deux grands îlots couverts de végétation. Le premier nous parut en partie cultivé, et semé de groupes de constructions qui, examinées à la longue vue, nous parurent d'aspect assez gai. On l'appelle l'*Ilet-la-Mère*.

On y avait, en 1852, interné les déportés, dits *politiques*. A l'époque de notre arrivée, ils avaient été remplacés par les repris de justice, éloignés de France en vertu du décret de 1851, et les condamnés qui avaient fini leur peine depuis leur transportation à la Guyane[1].

La seconde île, l'*Ilet-le-Père*, n'a jamais été occupée par les transportés. On dut plus tard y interner les femmes, qu'on allait envoyer à la Guyane, quand l'invasion de la fièvre jaune vint s'opposer à ce projet. Cette île nous sembla moins étendue et beaucoup plus boisée que l'*Ilet-la-Mère*. Une seule *case*, habitée, nous dit-on, par un pilote, apparaît, comme une sentinelle, sur son sommet le plus élevé.

Auprès de ces îles, émergent de l'eau, semblables à des hémisphères d'égale grosseur, deux ro-

---

1. Tout homme condamné à huit ans ou moins de travaux forcés, doit séjourner dans la colonie pendant un temps égal à celui de sa condamnation ; celui dont la peine dépasse huit années est astreint à la résidence perpétuelle.

chers, appelés les *Mamelles*, ou les *Deux-Filles*.

Les îles le *Père*, la *Mère* et les *Deux-Filles* forment, avec un petit rocher isolé, le *Malingre*, le groupe des îles de *Rémire*.

Malgré le spectacle divertissant que nous donnait ce petit archipel, qui semblait ainsi défiler sous nos yeux, nous avions hâte d'arriver aux *Iles-du-Salut*, où nous devions passer la nuit, avant de nous acheminer sur Cayenne. Mais la Cérès, qui n'avait rallumé que le matin ses feux, éteints depuis que nous avions franchi le détroit de Gibraltar, naviguait sous une faible pression, ne *filant* guère que six *nœuds* à l'heure [1].

Notre vieux commandant, dont on ne manqua pas de critiquer la prudence, avait donné l'ordre de n'avancer que la sonde à la main. « On ne doit naviguer dans ces parages, disait-il, en son langage de marin, qu'en ouvrant l'œil aux bossoirs [2]. » La côte n'est formée généralement que de bancs de vase, sur lesquels poussent, noyées en partie à la marée haute, des plantes grasses, au maigre feuil-

---

[1]. Le nœud équivaut à un mille, ou au tiers de la lieue... Le navire qui file six nœuds fait donc deux lieues à l'heure.

[2]. Bossoirs, parties du vaisseau situées à l'avant, où l'on place des vigies pendant la nuit, et même le jour dans les parages dangereux.

lage, appelées *palétuviers*. A part quelques collines peu élevées qui se montrent de loin en loin, la terre des Guyanes n'est dessinée à l'horizon que par cette ligne de chétifs arbrisseaux.

Les nombreux cours d'eau qui sillonnent le versant nord de l'Amérique méridionale déposent à leur embouchure un limon abondant. La mer qui baigne ces rivages, jaunâtre et bourbeuse, dissimule le fond à quelques pieds de la surface.

Rien n'annonce au voyageur qu'il a devant lui un grand continent. Quelle différence entre cet aspect misérable et le panorama saisissant qui frappe le navigateur, quand il aborde une de nos Antilles, et qu'il voit ces grands *pitons* dont les cimes boisées se perdent dans les nuages, et ces immenses champs de cannes déroulant jusqu'à la mer leurs riches tapis de verdure !

Là, tout révèle l'activité et la vie. Des bourgs se montrent de distance en distance. Les cheminées d'usine fument de toutes parts. Des canots de pêcheurs, avec leurs voiles blanches et leurs matetots noirs, sillonnent les eaux vives de la côte.

Ici, rien de tout cela, partout le silence et la solitude. Cette terre doit être telle aujourd'hui, plus déserte seulement, qu'elle apparut aux premiers Européens qui y abordèrent, il y a bientôt quatre siècles. Décidément, la première impression n'était pas favorable à la Guyane.

Vers deux heures de l'après-midi, nous aperçumes enfin à l'horizon le groupe des *Iles-du-Salut*.

Les navires d'un fort tirant d'eau ne peuvent aller jusqu'à Cayenne [1]; c'est auprès de ces îles, éloignées de quatre lieues de la côte la plus voisine, celle de *Kourou*, qu'ils vont chercher un mouillage. Confondues d'abord en une seule, à cause de la faible distance qui les sépare, vers cinq heures, elles nous apparurent plus distinctement. Elles sont au nombre de trois. On les appelait autrefois *Iles-du-Diable*. Elles ne changèrent de nom qu'en 1763, à une époque qui jouit d'une triste célébrité dans l'histoire de la Guyane.

En cette année 1763, sous le ministère du duc de Choiseul, on ramassa sur le pavé de Paris et dans les départements de l'Est, douze ou treize mille malheureux qui, égarés par des prospectus mensongers, consentirent à partir pour Cayenne. Il

---

1. On prétend qu'autrefois, la rade de Cayenne était accessible aux navires de toutes dimensions. Le Blond, un des historiens de la Guyane, raconte que lorsque l'escadre de Monsieur d'Estrées, composée de six vaisseaux de ligne, quatre frégates et un brûlot, y mouilla le 20 décembre 1676, cette rade mesurait sept brasses de fond... Depuis elle a été envahie par les bancs de vase, qui parfois l'ont complétement obstruée.

paraîtrait qu'il s'agissait, par quelque brillant programme de colonisation, de faire diversion dans l'esprit public à la perte récente du Canada.

L'aspect que présenta la plage de Kourou à l'arrivée des immigrants, suffira pour donner une idée de l'inconcevable folie avec laquelle fut conduite cette expédition. Voici la description qu'en a faite un témoin oculaire :

« J'ai vu ces déserts aussi fréquentés que le *Palais-Royal*. Des dames en robes traînantes, des messieurs à plumet marchaient d'un pas léger jusqu'à l'anse, et Kourou offrit pendant un mois le coup d'œil le plus galant et le plus magnifique.

» On y avait amené jusqu'à des filles de joie; mais comme on avait été pris au dépourvu, les carbets n'étaient pas assez vastes, et trois ou quatre cents personnes logeaient ensemble. La peste commença ses ravages, les fièvres du pays s'y joignirent et la mort frappa indistinctement. Au bout de quelques mois, dix mille personnes périrent. »

Pendant qu'une aussi épouvantable catastrophe s'accomplissait à douze lieues de Cayenne, les deux chefs de l'expédition, MM. de *Turgot*[1] et *Chanvallon*

---

1. Étienne-François de Turgot, marquis de Cousmont, frère du célèbre ministre.

y étaient occupés de misérables querelles. Cependant cinq-cents malheureux, échappés à ce grand naufrage, obtinrent de se retirer aux *Iles-du-Diable*. Ils les appelèrent, dans leur reconnaissance, *Iles-du-Salut*.

A la plus grande, ils donnèrent le nom d'*Ile-Royale*. (Elle a dû sans doute à son exiguité, et à son éloignement du théâtre de nos dissensions politiques de n'avoir pas été débaptisée depuis cette époque).

Séparée de l'Ile-Royale par un petit bras de mer, se voit à côté l'Ile *Saint-Joseph*.

Ces deux îles sont très-rocailleuses, et très-élevées eu égard à leur peu d'étendue. Elles étaient autrefois couvertes d'arbres qu'on a abattus, depuis qu'on y a installé un établissement pénitentiaire. Le peu qui en reste suffit cependant pour leur donner un aspect qui nous parut plein de grâce et de fraîcheur. Il faut n'avoir vu pendant de longs jours que le ciel et l'eau, pour savoir avec quel plaisir, je dirai presque avec quelle émotion, l'œil se repose sur le moindre brin de verdure !

A une demi-lieue au large de ces deux îles, on distingue à peine, au ras de l'eau, sans la plus petite trace de végétation, un grand banc de sable, battu par tous les vents de la mer.

C'est l'*Ile-du-Diable*, la seule du groupe qui ait conservé son nom.

Elle resta inhabitée pendant les premiers temps de la transportation. Puis, on y exila les hommes incorrigibles : « Ce qui joint à son singulier nom, disait plaisamment un aumônier des Iles-du-Salut, peut faire supposer que ce n'est pas là précisément un paradis terrrestre. »

Quelque temps avant notre arrivée, on y avait transféré le peu de déportés politiques qui restaient encore à la Guyane. Il leur avait été délivré des outils et des matériaux pour construire leurs maisons. Un canot leur apportait des vivres deux fois par semaine.

« Voici une occasion unique, leur avait dit ironiquement le commandant des Iles-du-Salut, pour mettre en pratique les différents systèmes qui doivent assurer le bonheur de l'humanité, et vous installer tout à l'aise en république démocratique et sociale, voire même en phalanstère, si les idées de Fourier vous sourient davantage. »

Plaisanterie de mauvais goût, que nous traiterions sévèrement, s'il y avait eu quelques individus dignes d'inspirer la pitié parmi ces prétendus martyrs de leur foi politique. Mais de tous les déportés, c'étaient généralement les plus arrogants et les plus indisciplinés, et la plupart avaient subi, avant leur translation à la Guyane, une ou plusieurs condamnations infamantes.

Qu'un homme honorable se trouvât égaré parmi eux, le gouverneur l'autorisait à résider à Cayenne. Il y vivait parfaitement libre. Voulait-il même s'évader? On ne prenait pas de bien grandes précautions pour s'opposer à son projet.

On en jugera par le fait suivant, que je tiens de la propre bouche d'un gouverneur de la Guyane: On vint l'avertir, un jour, qu'un des notables négociants de la colonie devait remettre à un membre du conseil municipal de la ville de B..., déporté en 1852, et interné à Cayenne, une somme assez considérable. Cet argent lui était envoyé par sa famille pour faliciter son évasion. Le gouverneur ferma les yeux. L'évasion s'opéra sans obstacle. Mais l'infortuné conseiller municipal avait eu la malencontreuse idée de s'associer, parmi ses compagnons, deux de ceux qu'il jugeait les plus dignes de partager avec lui la liberté. La barque qui les portait à *Surinam* chavira en route.

Que le hasard est grand! Des trois évadés, un seul se noya. Ce fut le malheureux habitant de B...

Vers six heures du soir, seulement nous pûmes jeter l'ancre entre l'île *Royale* et l'île *Saint-Joseph*.

A quatre degrés de l'Équateur, le crépuscule ne dure guère et la nuit vient vite. On eut cependant le temps de mettre à terre nos cinq-cents transportés. Les officiers et les passagers pouvaient débarquer aussi, mais persuadés qu'en pareil cas, le mieux est souvent, comme on dit, l'ennemi du bien, ils ne voulurent pas essayer d'une installation faite à la hâte, et préférèrent coucher, cette nuit là encore, à bord de la *Cérès*.

Dans la soirée, le commandant et les officiers de l'île *Royale* vinrent nous visiter. C'étaient des exilés, avides de nouvelles de la patrie.

Dans nos ports militaires, les officiers de toutes armes, les employés de tous rangs forment une sorte de colonie. Toutes les personnes d'un certain monde se connaissent. On est donc sûr, quand on quitte un de ces ports, pour aller habiter nos possessions d'outre-mer, que les fonctionnaires qui arrivent de France pourront tous vous parler de vos parents et de vos amis. Aussi étions-nous littéralement accablés de questions.

Celui-ci s'informait d'un camarade qui lui était cher. « Quelle campagne devait-il faire? Sur quel vaiseau était-il embarqué? »

Celui-là s'intéressait à une famille dont il avait reçu, à Toulon, un accueil gracieux. Il y avait alors dans la maison deux charmantes jeunes filles. « Étaient-elles toujours aussi jolies qu'autrefois?... Avaient-elles droit encore à la fleur d'oranger? » Sous cette forme banale, se cachait peut-être, comme une larme sous un sourire, quelque regret du passé, ou quelqu'espérance pour l'avenir?

Un autre demandait avec inquiétude des nouvelles d'une femme tendrement aimée. Elle lui avait juré qu'elle ne survivrait pas à son départ. Nous lui apprenions, en riant, que l'infidèle était depuis longtemps consolée.

Ainsi se passa notre première soirée à la Guyane. Tout le monde causait et riait. Mais derrière cette gaieté on sentait, ravivé par tous les souvenirs évoqués, le regret de la patrie absente. Quand on apprit que la guerre allait éclater, (elle fut déclarée le 27 mars, le jour même de notre arrivée à la Guyane), quel chagrin de n'y pouvoir assister! quels vœux pour cette chère France!... Ceux-là seuls savent combien ils l'aiment, qui en sont séparés ainsi pendant de longues années!

Cependant, vers minuit, heure bien avancée pour ces contrées, où l'on ne veille guère, les officiers de l'île avaient regagné la terre; ceux de la frégate et les passagers s'étaient retirés dans leurs *cabines*. Sur le pont de la *Cérès* deux hommes restaient seuls. Ils causaient en fumant un dernier cigare. C'étaient votre serviteur et un vieux camarade du régiment qu'il avait retrouvé aux *Iles-du-Salut*.

La chaleur avait été accablante toute la journée. Mais la brise du soir permettait enfin de respirer. Je n'avais, pour ma part, nulle envie de descendre dans ma cabine, où régnait une température à faire éclore des vers à soie.

Un spectacle, dont je n'étais pas encore rassasié, me retenait d'ailleurs sur le pont, c'était la vue de ce beau ciel étincelant, de cette mer phosphorescente des Tropiques, qui, cette nuit-là, semblait une immense nappe de feu. Quelques embaracations attardées s'éloignaient de la frégate, laissant derrière elles une longue traînée lumineuse. On pouvait suivre, dans l'obscurité, le mouvement cadencé des rames qui plongeaient comme dans un métal en fusion, et se relevaient chargées de stalactites d'or. Plus près de nous, autour des flancs du navire, d'énormes masses brillantes circulaient à quelques pieds sous l'eau. Ce phénomène attira mon attention.

— Voilà qui est étrange ! pensai-je tout haut.

Et comme, pour mieux voir, je me penchais par-dessus le bastingage.

— Prends garde, me dit mon compagnon. Ce sont des requins.

Je m'éloignai vivement du bord.

— Ils sont très-nombreux autour de l'île, continua mon camarade. Toutes les immondices qu'on jette à la mer les y attirent. Les mortalités, assez nombreuses depuis quelque temps, peuvent aussi être pour quelque chose dans leurs visites. Le sol de l'île est trop rocailleux et trop restreint pour qu'on y enterre les morts. On les jette donc à l'eau comme à bord d'un navire en pleine mer.

Croirais-tu, ajouta-t-il en riant, qu'il y a des gens qui disent qu'il est désagréable d'être *inhumé* de la sorte? Pour mon compte, une fois rendu là, terre ou eau, la chose m'importera peu [1]. Toujours est-il que lorsque le canot qui fait ici l'office de corbillard va au large avec son funèbre chargement, les requins le suivent à la piste, comme une bande de loups affamés. Tu comprends pourquoi.

— Mais alors, quelle que soit la chaleur, il vous est donc interdit de prendre jamais un bain de mer? demandai-je.

— La consigne, me répondit mon ami, défend

---

1. Des officiers étant morts depuis à l'Ile-Royale, on les a enterrés dans l'île. A la mort de monsieur M..., pharmacien de la marine, le commandant du Pénitencier ayant voulu faire jeter le corps à la mer, il y eut presque une sédition parmi les officiers de l'Ile-Royale.

2.

expressément de se baigner ailleurs que dans l'enceinte préparée pour cet usage.

Mais vois donc, dit-il, en me montrant du doigt les masses lumineuses. Ne dirait-on pas des chiens qui cherchent une piste? Ils ont faim sans doute? Personne n'est mort ici depuis deux ou trois jours, et le jeûne leur paraît un peu long. Il ne ferait pas bon, je crois, leur tomber sous la dent en ce moment.

Tu me demandais tout à l'heure si l'on pouvait se baigner à la mer. Je t'ai répondu que la consigne le défendait. Tu vas juger si on la viole impunément.

Il y a quelques jours, un transporté, nouvellement arrivé, s'éloigna de l'île à la nage. On prétend que se fiant à son habileté, il avait formé le projet de gagner ainsi la côte de *Kourou*, et de s'enfoncer dans l'intérieur du pays.

A peine était-il à une centaine de mètres au large qu'on l'entendit pousser des cris perçants. Les requins lui donnaient la chasse.

Excellent nageur, il essaya, en faisant des efforts désespérés, de regagner le rivage.

Il allait prendre pied, quand un des requins l'atteignit, et, d'un seul coup de sa formidable gueule, lui ouvrit le ventre. Mais effrayé sans doute par les convulsions et les cris du blessé, il lâcha sa proie.

L'homme n'était qu'à quelques mètres de la plage. Il eut encore la force d'y arriver, traînant après lui, comme un cheval éventré dans un cirque, ses entrailles sanglantes.

On accourut... on le croyait sauvé. Il venait d'expirer sur le sable.

Eh bien ! mon cher; tout est ici à l'avenant. Dans l'eau salée, les requins; dans l'eau douce, les torpilles et les gymnotes; dans l'eau saumâtre, les caïmans; sur terre, les serpents, les scorpions, les mille-pattes; dans l'air, les vampires, les maringouins, les moustiques, et quelquefois la peste qu'on appelle ici *vomito negro*.

— Ah ! mon ami, le délicieux pays ! ajouta-t-il en forme de péroraison.

Je trouvai que mon compagnon devenait lugubre, et bien décidé à ne pas subir, dès mon arrivée, l'influence de ceux qui voient tout en noir, je pris le parti de regagner ma cabine. Rendu là, je fis cette réflexion que je devais être, dans ma *couchette*, à la même profondeur sous l'eau que les requins. Le corps de l'un d'eux n'était peut-être séparé du mien que par l'épaisseur de la membrure. Cette idée me fit frissonner un peu; mais, Dieu merci, l'obstacle était solide, et je ne tardai pas à m'endormir profondément...

IV

La nuit fut d'un calme inaccoutumé. Tous ceux qui ont navigué savent qu'un vaisseau, (*man of war*, disent les Anglais), est un être vivant qui s'endort au coucher du soleil, et se réveille dès l'aube, comme la plupart des animaux de la création. Si le voyageur enfermé, comme Jonas, dans l'obscurité de ses flancs a entendu au-dessus de sa tête des pas précipités, des bruits alarmants, des sifflements sinistres, c'est que le monstre a eu une nuit d'insomnie.

D'habitude, son sommeil est paisible, surtout sous ces latitudes. On n'entend alors, pendant de longues heures, que le léger crépitement de l'eau sillonnée par les flancs du navire, et les craquements des mâts gémissant sous les efforts de la brise.

Mais le matin, dès l'aurore, le monstre ne dort plus. Il reprend alors toute l'agitation de la vie. Il a même le réveil assez bruyant. C'est que c'est le moment de la toilette, disent les marins, du *pansage*, dirait un officier de cavalerie.

Des hommes, pieds nus quelque froid qu'il fasse, courent sur le pont et la dunette, et y lancent à tour de bras des seaux pleins d'eau de mer. D'autres épongent l'eau et fouettent le plancher avec ces longs martinets d'étoupe, que les marins appellent *fauberts*. Les mousses, les novices frottent les cuivres pour les rendre brillants à s'y mirer; les gabiers, dans les hunes et les haubans, réparent les cordages et la mâture. Tout vit enfin, travaille et s'agite, depuis les profondeurs de la cale jusqu'à la cime des mâts. Quant au passager, qui n'a rien à faire dans tout ce mouvement, il peste d'être réveillé de si grand matin, et de ne pouvoir plus fermer les yeux, grâce au tapage infernal qui se fait autour de lui.

Cette différence entre le repos et le réveil du navire, si sensible en mer, l'est encore d'avantage au jour de l'arrivée. Quelque calme, en effet, que soit la nuit, surtout dans ces parages, où, sous le souffle des vents alisés, le navire reste couché mollement sur le même bord, on entend toujours, de quatre en quatre heures, les changements de quart (alors que la moitié de l'équipage qui a dormi dans les hamacs vient remplacer sur le pont l'autre moitié qui va se reposer à son tour), et le pas cadencé de l'officier de service, se promenant continuellement sur la dunette, l'œil au ciel et à la voilure.

Mais en rade, tous reposent, et un silence de mort plane sur le navire. Le réveil ne paraît alors que plus bruyant, surtout quand on a, comme la *Cérès*, tout un chargement à mettre à terre.

Aussi le vacarme fut-il tel le lendemain, dès cinq heures du matin, qu'après trois heures à peine de sommeil, je dus déserter ma cabine. Je montai sur le pont. Il n'était pas plus facile de s'y tenir. Pour avancer d'un mètre, il fallait se livrer à un véritable exercice de clown. Des objets de toutes formes et de toutes dimensions étaient entassés les uns sur les autres, et des poulies, frappées dans la mâture, en tiraient sans cesse du fond de la cale. Lorsqu'on a vu une fois tout ce qui peut sortir des flancs d'un navire, on ne se refuse plus à croire que l'arche de Noé ait pu contenir une paire de tous les animaux de la Création.

Dans de grands chalands, amarrés le long du bord, des *transportés* recevaient et arrimaient les colis. Ces hommes étaient uniformément vêtus d'une chemise blanche, d'un pantalon et d'une blouse de coutil gris. Ils avaient la tête couverte de chapeaux de paille à larges bords. Tous semblaient travailler avec entrain et gaieté. Délivrés de leurs chaînes et soumis à un régime moins dégradant, ils n'avaient plus ces visages bas et patibulaires que j'avais remarqués à Brest et à Toulon, et qui sont comme un masque que le bagne applique sur la face de ceux qui en franchissent le seuil.

Je descendais dans l'île quelques moments après, et je constatais le même changement heureux sur la physionomie des autres condamnés.

L'Ile-Royale, la principale des *Iles du-Salut*, se compose de deux mamelons de forme conique. Une étroite vallée les sépare. Si le niveau des eaux s'élevait de quelques mètres, il y aurait là deux îlots, comme les *Mamelles*.

En débarquant, les premiers bâtiments qu'on rencontre sont une forge et des ateliers, qui servent pour les besoins du pénitencier et des navires qui stationnent sur la rade; plus loin, sur la gauche, on voit quelques cases de surveillants; enfin, au milieu du ravin, et dans sa partie la plus élevée, une maison d'aspect un peu plus monumental, quoique construite en bois comme toutes celles de ce pays. Une petite terrasse la précède. Un drapeau tricolore flotte sur la façade. C'est le logement du *Commandant Supérieur des Iles du Salut*.

Comme tous les pénitenciers de la Guyane sont soumis au régime de l'état de siége, nul n'y peut séjourner sans la permission de l'autorité militaire. Toute personne qui descend dans l'île doit donc se présenter au commandant. C'est ce que firent en débarquant, autant par devoir que par convenance, les passagers de la *Cérès*.

Ils eurent ensuite, avant le déjeuner, le temps de parcourir l'Ile-Royale dans toute son étendue.

Des deux mamelons qui la forment, le plus petit est le plus rapproché de l'*Ile Saint-Joseph*. Entouré de quelques grands manguiers, les seuls vrais arbres de l'île, un vaste bâtiment s'y élève sur le versant qui fait face au continent. C'est la caserne qu'occupent deux compagnies d'infanterie, préposées à la garde des condamnés. A côte, est le logement des officiers ; plus bas, et touchant presque à la maison du commandant de l'île, la case qu'habitent les officiers de santé et ceux du commissariat de la marine. La plus grande partie du personnel libre se trouve ainsi installée sur le petit mamelon.

L'autre est plus spécialement reseryé aux transportés. Il se termine par un vaste plateau qu'ont considérablement agrandi des travaux de terrassement. Sur ce plateau élevé, sont groupés les nombreuses baraques occupées par les condamnés, les cases des surveillants, les ateliers, les magasins, un poste d'infanterie, le logement des officiers qui le commandent, la maison de l'aumônier, et la chapelle, dont la flèche pointue domine l'horizon. Un large fossé, qu'on franchit sur une passerelle, enceint cet ensemble de constructions.

On arrive à ce plateau par un sentier creusé dans le roc. En le gravissant, on aperçoit à ses pieds la petite vallée nue et désolée. Quelques maigres arbrisseaux y poussent, dont les racines cherchent en vain entre les cailloux un peu de terre végétale et dont les branches sont continuellement fouettées par un vent violent.

On le voit par cette description, il n'y a aucun développement à donner, aux *Iles-du-Salut*, à l'œuvre de la colonisation pénitentiaire. Aussi ne comptait-on avoir là qu'un lieu de dépôt et d'acclimatement pour les transportés. Le pénitencier, en temps ordinaire, ne devait se composer que des hommes travaillant aux ateliers, où se fabriquent les meubles, où se confectionnent les vêtements, les chaussures, etc., pour les autres établissements, et des manœuvres qu'on emploie aux différents mouvements maritimes qui ont lieu sur la rade.

Cependant, depuis mon arrivée à la Guyane jusqu'au jour où je quittai le pays, c'est toujours sur ce point que les transportés ont été réunis en plus grand nombre. En ce moment même l'effectif dépassait quinze cents hommes. [1]

Il faut chaque jour occuper tout ce monde : aussi pas une pierre n'est restée à l'Ile-Royale à la place où l'avait déposée la main du Créateur. L'île a été littéralement bouleversée. On y a entrepris, non-seulement des travaux tout à fait inutiles, mais d'autres que le simple bon sens aurait dû, suivant nous, faire proscrire.

Je n'en veux citer qu'un exemple.

En nous rendant au plateau des transportés, nous avions traversé un mur crénelé qui, situé à mi-côte du grand mamelon, s'étend, parallèlement au ravin, sur toute la largeur de l'île. C'est le travail le plus considérable qu'on y ait exécuté. On nous apprit, à notre grande surprise, que ce mur avait pour but de mettre le personnel libre à l'abri de toute attaque des transportés.

Dans presque tous les pénitenciers, on a pris contre eux des précautions aussi illusoires. Ici, c'est une muraille, comme en Chine; ailleurs, ce sont des *blockhaus*, comme en Afrique... A quoi servent pourtant ces fortifications? Les condamnés igno-

---

[1]. Il était encore de quatorze cent quatre-vingt-cinq au 31 décembre 1864.

rent-t-ils que derrière la population libre, quelque peu nombreuse qu'elle soit, il y a la société tout entière? Est-il donc difficile de prendre sur eux, dès le premier jour, un pouvoir moral tel, qu'ils sentent « qu'il y a, comme disait une reine célèbre, de la révolte à penser qu'on peut se révolter? » Sans cela, ne pourraient-ils pas aisément, étant dix fois plus nombreux que le personnel libre, l'écraser à un moment donné, avec leurs seuls instruments de travail.

Il nous semblait, de plus, que traiter ainsi ces hommes, après leur arrivée à la Guyane, en êtres dangereux, contre lesquels il faut des fortifications, c'était s'interdire à jamais l'espoir de les moraliser peu à peu, et de fonder, un jour, avec eux, une vraie colonie, comme ont fait les Anglais, au moyen de leurs *convicts*, en Australie.

Cet excès de population accumulé continuellement aux Iles-du-Salut paraissait indiquer de plus qu'on n'avait rien entrepris de sérieux sur le continent. Et cependant, là seulement, l'œuvre de la colonisation pénitentiaire pouvait prendre un développement aussi vaste que le sol. Les petites îles qu'on rencontre sur les côtes de la Guyane sont d'excellentes prisons, puisque l'eau les entoure de tous côtés. Assainies par la brise de mer qui les balaie sans cesse, elles sont bien choisies pour habituer au climat brûlant des Tropiques les convois qui arrivent de France, (à condition pourtant de n'y pas trop entasser la population).

Mais y rester confiné de 1851 à 1854, c'était retarder bien inutilement la solution, bonne ou mauvaise, de la colonisation par les transportés [1].

Peut-être aussi les Gouverneurs qui, à la Guyane, comme dans nos autres colonies, se succèdent avec une déplorable rapidité, avaient-ils reculé jusque là devant ce redoutable problème, qui, au moment où j'écris ces lignes, ne semble pas beaucoup plus avancé que le premier jour.

Pendant le peu d'heures que nous passâmes à l'Ile-Royale, nous apprîmes quelques faits qui nous firent connaître un autre danger qu'il y a à exagérer ainsi, aux yeux de la garnison, la férocité des condamnés et les précautions à prendre contre

---

1. Deux établissements, la *Montagne-d'Argent* et *Saint-Georges*, avaient été commencés, le premier en octobre 1852, le second en avril 1853, sur la terre ferme, dans la rivière d'*Oyapock*. Mais le pénitencier de la *Montagne-d'Argent*, séparé du continent par un marais, est peu susceptible de développement. *Saint-Georges*, bâti sur des terres d'alluvion souvent noyées, fut, à cause de son insalubrité, et très peu de temps après qu'on s'y fut installé, occupé exclusivement par des condamnés noirs.

leurs attaques. Les consignes étaient telles à cet égard aux Iles du Salut que, parmi les jeunes soldats qui arrivaient de France, les plus timides éprouvaient une véritable terreur à être placés la nuit, en sentinelles isolées, sur le chemin de ronde qui entoure l'île. Un gémissement du vent, l'écume blanche d'une lame qui se brisait sur les rochers, le cri d'un oiseau de mer, tout devenait pour eux sujet d'épouvante.

On nous conta qu'une nuit, un de ces jeunes soldats s'était laissé gagner par le sommeil pendant sa faction. Tout à coup, réveillé en sursaut, il voit quatre ou cinq hommes s'avançant vers lui. Il décharge sa carabine dans la poitrine de l'un deux. L'homme tombe mort. C'était le caporal commandant la patrouille, qui allait relever les sentinelles.

Un autre accident du même genre était déjà arrivé aux îles du Salut.

Cependant l'officier qui commandait cet établissement était un homme de tête et d'énergie; mais il n'avait pas compris le côté moral de sa mission. Il ne voulait qu'une chose, que l'ordre le plus parfait régnât sur son pénitencier. Ce but, il l'atteignait, mais par l'emploi d'une discipline de fer envers le personnel libre, et de peines corporelles fréquentes contre les transportés. Nulle part, et surtout dans un pays où l'on a à lutter contre tant d'éléments d'insuccès, on n'arrivera à fonder rien de durable par de pareils moyens.

Appelé plus tard à commander un établissement pénitentiaire, je n'usai jamais des voies de rigueur envers les condamnés. Je les traitai toujours en hommes, m'efforçant de les élever à leurs propres yeux par le sentiment du devoir accompli, au lieu de les tenir courbés sous la terreur du châtiment. J'ai la conviction que l'on serait parvenu ainsi à un résultat sérieux, si le succès eût dépendu uniquement de la bonne volonté et de l'énergie de ces hommes.

V

Vers midi, un petit bateau à vapeur, l'*Oyapock*, envoyé de Cayenne, où notre arrivée avait été signalée des Ilets-Remire, vint nous prendre à son bord. Je n'avais jamais vu d'aviso aussi petit. C'était une vraie coquille de noix. Aussi disait-on que, lorsque l'Oyapock dut quitter Rochefort pour se rendre à la Guyane, beaucoup d'officiers de marine prédisaient qu'il serait infailliblement englouti, s'il venait à essuyer une tempête en plein Océan.

Un intrépide lieutenant de vaisseau, M. *Carpentier*, que nous aurons l'occasion de retrouver dans le cours de ce récit, sollicita l'honneur de ce périlleux commandement. La tempête lui fit grâce : il eut le bonheur d'arriver sain et sauf à Cayenne.

Enhardis par son exemple, des enseignes de vaisseau conduisirent après lui à la Guyane deux bateaux à vapeur à haute pression, l'*Économe* et le *Surveillant*, plus petits encore que l'*Oyapock*. Ils naviguaient, il est vrai, de conserve avec une frégate, mais cette circonstance ne diminuait en rien le danger, et servait tout au plus à leur donner la confiance qu'inspirent toujours la force et le nombre.

— Les passagers, qui arrivent de France à la Guyane, et qu'une longue traversée a aguerris, s'imaginent, une fois rendus aux Iles-du-Salut, en avoir fini avec les émotions du mal de mer. Les nôtres ne tardèrent pas à revenir de cette douce illusion. A peine à quelques centaines de mètres au large, l'Oyapock se mit à *tanguer* [1] avec des mou-

---

1. Les marins appellent *tangage* (d'où le verbe *tanguer*) le balancement du navire dans le sens de sa longueur, quand il navigue perpendiculairement à la lame. L'avant est alors alternativement plus haut ou plus bas que l'arrière... C'est le moment où demandent grâce ceux qui n'ont pas le cœur doublé d'un « triple airain. »

vements si brusques que bien des visages blêmissaient comme si nous venions de prendre la mer. Pour moi, je me couchai sur le pont, la face tournée vers le ciel. C'est une position que je me permets de recommander à ceux qui navigueront sur les bancs de vase molle qui se trouvent entre les îles du Salut et le Continent.

Enfin, après cinq heures qui parurent longues à plusieurs d'entre nous, nous entrions dans la rade de Cayenne.

Le temps, beau le matin, avait changé brusquement, comme cela arrive plusieurs fois par jour dans cette saison. Il tombait, au moment où l'Oyapock jeta l'ancre, un de ces déluges dont n'ont aucune idée ceux qui n'ont pas habité sous les Tropiques. Heureusement, ces averses n'ont pas, à cette époque de l'année, la durée de nos petites pluies fines d'Europe. Cinq minutes après, le soleil brillait dans un ciel sans nuages. Ceux qui eurent la patience d'attendre l'*embellie* purent débarquer, sinon sans se mouiller les pieds, du moins sans recevoir sur la tête toutes les cataractes du ciel.

Le premier édifice qu'on aperçoit en arrivant sur la rade de Cayenne, et l'un des plus beaux de la ville, est une grande caserne, bâtie sur un plateau qui domine la mer. D'immenses palmiers, l'entourent de tous côtés, qui lui donnent quelque couleur locale, et lui enlèvent un peu de la plate monotonie qu'ont généralement ces sortes de constructions. En ma qualité de soldat, tout autre édifice m'eût été pourtant, je l'avoue, plus agréable à voir à mon arrivée.

Au pied de la caserne, et masquant entièrement la ville, s'étendent les magasins de la marine et les bâtiments de la direction du port.

Cayenne est bâti dans une situation charmante, à l'extrémité d'un petit cap, qu'entourent, d'un côté, la grande mer; de l'autre, la longue baie qui sert de rade.

On y débarque sur un quai en pierres assez bien construit, qui se compose d'une jetée horizontale, à l'extrémité de laquelle s'élève un petit phare, et d'un plan incliné où abordent les embarcations.

Quand arrive un navire venant de France, ce quai et la plage voisine sont encombrés de curieux. C'est un spectacle étrange pour celui qui ne l'a jamais vu. Cette population mouvante, vêtue d'étoffes aux couleurs éclatantes, lui fait de loin l'effet d'un immense kaléidoscope. Et lorsque le canot sur lequel il débarque aborde au rivage, il n'est pas moins étonné de voir tous ces indigènes aux faces noires ou cuivrées, qui rient en lui montrant leurs dents blanches, et lui adressent familièrement la parole, sans le connaître.

La partie de la ville dans laquelle on entre d'abord est d'un aspect fort triste. Les rues, inclinées vers la mer, sont étroites; les maisons sont pressées les unes contre les autres. L'Européen qui vient habiter Cayenne et n'aperçoit que cet amas de cases chauffées par un soleil ardent, et ce dédale de ruelles, où ne circule pas un souffle d'air, frémit du sort qui lui est réservé. Aussi, éprouve-t-il une agréable sensation de fraîcheur et de bien-être, en arrivant tout à coup sur une immense place, d'où il voit s'étendre à sa droite une autre partie de la ville, avec des jardins spacieux et des rues vastes et bien aérées.

Celui qui a séjourné à Cayenne, ne fût-ce que quelques heures, n'oubliera jamais cette superbe esplanade, où deux ou trois cents palmiers, plantés en quinconces, dressent vers le ciel leurs troncs droits et lisses, terminés par de beaux panaches d'un vert éternel.

Cela ne ressemble en rien aux petits arbres de nos petits squares, et lorsqu'on ne lève pas les yeux pour découvrir le feuillage, on pourrait, à ne voir que ces immenses troncs d'un blanc grisâtre, se croire au milieu d'une de ces gigantesques colonnades qu'a laissées au désert quelque cité des Pharaons.

En apercevant le gazon menu qui tapisse la terre, en entendant le bruissement continuel que fait la brise, froissant les unes contre les autres les longues feuilles des palmiers, l'étranger, suffoqué par la chaleur, éprouve le besoin de se plonger dans ces flots d'air rafraîchis sous l'ombrage.

C'est ici que l'attend une de ces cruelles déceptions, un de ces mirages qui semblent réservés aux climats brûlants. Ce tapis, d'un vert si tendre, cache des milliers d'insectes de toute espèce : des scorpions noirs, des araignées-crabes, des fourmis-Oyapock, qui vous couvrent de morsures douloureuses. Sous ces ombrages, voltigent des nuées de maringouins et de moustiques. Ces élégants panaches, qui semblent des jets de verdure s'épanouissant à cent pieds dans les airs, ont leurs gerbes maintenues par d'énormes étuis, en forme d'élitre, qui se détachent souvent et tueraient le promeneur imprudent, en tombant d'une pareille hauteur.

Fuyez donc, vous que le sort contraire conduit sous les Tropiques, les charmes trompeurs de ces verts paysages, et vous, mortels privilégiés, qui, aux jours de canicule, pouvez vous réfugier, sans crainte, sous les ombrages de Meudon ou de Saint-Cloud, croyez-moi, n'imitez jamais le pigeon de la fable :

« . . . . . Voulez-vous voyager ?
» Que ce soit aux rives prochaines. »

— Il n'est pas sans charme, quand on arrive dans un pays nouveau, de s'en aller à la découverte, tout comme un Lapeyrouse ou un Bougainville... Avec un petit effort d'imagination, on se figure que les habitants qu'on rencontre, que les monuments qu'on aperçoit font partie d'un monde inconnu, dont on peut devenir le révélateur. Vus à travers le prisme de cette hypothèse, les objets n'ont plus la même couleur. Tous prennent comme une teinte de jeunesse. Il semble qu'ils soient éclos du matin même, pour se donner à vous en spectacle. On éprouve alors, pour peu que la scène y prête, une variété, une fraîcheur de sensations, qui vous eussent complétement manqué, en restant dans la stalle de la froide réalité.

Voilà des plaisirs simples et peu coûteux. Je

les recommande à ceux qui voyagent. Pour én jouir, il n'est pas nécessaire d'aller en Chine, ni au Japon. On les rencontrera, si l'on veut, dans le premier village inconnu, ne fût-il qu'à dix lieues de la ville qu'on habite. Si le monde physique est un champ par trop aride, on se rabattra sur le monde moral. On observera les mœurs, les coutumes si variées chez les peuples, même les plus voisins. Là, comme dans le monde astronomique, le nombre des découvertes est illimité... Telle nuance échappe à celui-ci, que saura distinguer celui-là. Tout dépend de la qualité du télescope dont vous a doté la nature.

Une heure après mon arrivée à Cayenne, j'avais trouvé un gîte où reposer ma tête et déposer mon humble bagage. Je commençai la série de mes explorations... La moisson ne fut pas longue. La ville est petite, et, dans nos Colonies où tout se bâtit en bois, les âges passés ne laissent aucun souvenir matériel derrière eux. Je découvris cependant dans la partie la plus fraîche de la ville, où j'étais allé chercher un peu d'air, quelque chose comme un grand pigeonnier, qu'on me dit être le clocher de la cathédrale, et une manière de halle, qui, paraît-il, est le sanctuaire de la justice.

Quant aux habitations particulières, à quelques

exceptions près, ce sont des huttes assez indignes du nom de maisons... La seule remarque à noter est qu'on y arrive généralement en franchissant une petite passerelle jetée sur un fossé, qui sert à l'écoulement des eaux dans la saison des grandes pluies.

Dans ces *cases,* comme on les appelle dans le pays, vit pêle-mêle une population des deux sexes, où l'on rencontre toutes les nuances depuis le blanc jusqu'au noir le plus Éthiopien.

En une demi-heure mon voyage de circumnavigation m'avait ramené à la *place des Palmistes.* Sur l'un des côtés de ladite place, j'avisai une immense maison à plusieurs étages, à laquelle on arrive par un escalier en briques qui règne sur toute la façade. Son aspect monumental me frappa. Je la pris d'abord pour l'hôtel du Gouverneur. Un coup d'œil indiscret jeté dans les appartements du rez-de-chaussée me tira vite de mon erreur. C'était un énorme bazar où se vendent toutes les marchandises du monde, et où le chaland trouverait à acheter à son gré, je l'ai su plus tard, un sol d'épingles et une pacotille de cent mille francs. Cette maison splendide, dont tous les escaliers intérieurs sont de ces bois aux couleurs riches et variées que produisent les forêts de la Guyane, appartient à

M. F***, le plus considérable négociant du pays et un des hommes les plus aimables qu'on puisse voir. En ce moment le maître du logis, dont j'eus l'honneur depuis d'acquérir l'amitié, était à son comptoir, veillant à ce qu'on servît toutes les pratiques qui allaient et venaient : à celui-ci quelques mètres de toile, à celui-là une livre de beurre ou de morue.

Dans nos Colonies, où les anciens nobles pouvaient se livrer au négoce sans déroger, les hommes les plus distingués font ainsi le commerce de détail sans déchoir, ainsi que cela arriverait sur notre terre de prétendue égalité[1]. Ici, tel char-

---

1. Ce n'est pas aux Colonies seulement, que les choses se passent ainsi. « Les Musulmans, qui n'ont pas l'habitude d'être cités en exemple, raisonnent moins sottement que nous sur la question du travail. Ils disent qu'un homme doit être honoré pour ses vertus et sa sagesse, quelque soit le métier qui lui donne du pain. Dans les bazars de Constantinople, ou même d'Alger, on vous montrera des *talebs* que le peuple consulte et vénère : celui-ci fait des babouches ; celui-là raccommode les vieux burnous.

Comment donc s'appelait ce philosophe Grec qui tirait de l'eau pendant la nuit pour gagner sa vie? Je me suis laissé dire que M. Victor Hugo en exil avait trouvé de grandes consolations, dans l'amitié d'un homme éclairé, lettré, versé dans toutes les études libérales et entouré d'une admirable bibliothèque. C'est, si je ne me trompe, un épicier de Guernesey. Qu'en pensent les loustics de Paris? Je connais personnellement, à Paris même, un jeune officier de cavalerie qui est sorti de la garde, pour se

mant jeune homme d'éducation parfaite et muni de ses diplômes académiques, vous vend le jour l'étoffe d'un pantalon ou d'un gilet, et vous tend le soir, dans les salons du Gouverneur, sa main finement gantée.

En laissant à gauche la maison de M. F*** et traversant la place des Palmistes dans sa plus grande longueur, on arrive à une haute et large grille, devant laquelle est placée une sentinelle. Au fond d'une cour plantée de beaux arbres, se montre un grand corps de logis qu'entourent de jolies dépendances. Tout cela est d'aspect assez gai. C'est là cependant que sont venus souffrir et mourir depuis quelques années bien des jeunes gens auxquels la vie semblait sourire.

C'est le champ de bataille de la fièvre jaune, c'est l'hôpital militaire!...

Je me suis laissé dire qu'autrefois Cayenne était

---

faire épicier. Il est dans sa boutique ce qu'il était au Régiment : un gentleman irréprochable, et un homme distingué dans le sens le plus large du mot. Un de mes anciens camarades de l'École Normale, se voyant un peu trop persécuté dans l'Instruction publique, abandonna la partie, et se mit à préparer des sardines. Il a fait, me dit-on, une fortune considérable. Au point de vue de la niaiserie Française, c'est un homme qui a dérogé. (Edmond About, Le Progrès.)

non-seulement une ville charmante, renommée pour l'hospitalité cordiale qu'y recevaient les étrangers, mais une des stations les plus saines des Tropiques. Ce n'était, à la ville, pendant le carnaval, que bals et gais repas, rehaussés par l'exquise urbanité des colons, la beauté et la grâce des femmes créoles : à la campagne, pendant le reste de l'année, des fêtes fréquentes, des chasses sur les habitations, où l'on trouvait le confort qui accompagne toujours les industries qui prospèrent. De plus, quand une compagnie de cent soldats avait laissé, après un séjour de quatre années dans la colonie, cinq ou six de ses hommes dans le cimetière de Cayenne, elle était citée parmi les plus malheureuses.

Tout cela a bien changé. L'émancipation des noirs, les mauvaises lois sur les sucres, l'avilissement du girofle, une des principales denrées que produisait la Colonie, et bien d'autres causes encore ont ruiné les habitants. Pour comble de misère, ils ont pu, depuis, entendre attribuer à leurs prodigalités d'hier leur détresse d'aujourd'hui, par ceux-là même envers lesquels ils avaient exercé une hospitalité, imprévoyante peut-être, mais généreuse à coup sûr.

La campagne, avec ses grandes installations, a

été abandonnée, comme si les habitants en avaient été chassés par une catastrophe.

A Cayenne, les maisons, dont les murs extérieurs sont encore debout, tombent en ruines à l'intérieur. Le gibier, le poisson, les légumes de toutes espèces qu'y apportaient autrefois les noirs des habitations et les Indiens-chasseurs ont complétement disparu. Deux ou trois aubergistes accaparent sur le marché local le peu de provisions fraîches qui y arrivent, et les familles les plus aisées sont souvent obligées d'envoyer mendier leur dîner à la porte de ces industriels. Quand les arrivages de navires sont rares, le prix de toutes choses devient tel que l'administration a dû quelquefois donner à ses employés de tous rangs la ration du soldat, pour les aider à vivre. La mer et les rivières regorgent cependant de poissons; les forêts, de gibiers de toute espèce; la terre est d'une grande fertilité, et il y a eu autrefois, dans les savanes de la Guyane, des hattes considérables.

Aujourd'hui, on y mange des conserves et de la viande salée comme sur un navire en pleine mer, et sans les approvisionnements venant de France et des États-Unis, on risquerait fort, je le répète, de n'y pas manger du tout.

Cet état de choses a une influence fatale sur la santé des habitants, et surtout des habitantes.

D'après un vieil usage qui s'est conservé à la Guyane, le Colonel désigne, chaque dimanche, deux officiers pour se joindre à l'état-major du Gouverneur, et l'accompagner à la messe. Je me rappelle encore le sentiment pénible que j'éprouvai la première fois que je fus *d'escorte*, en voyant réunies dans l'église toutes ces jeunes femmes au teint pâle et chlorotique.

On parlait autrefois de la vive beauté des Cayennaises. Mais sous ce climat débilitant, il faudrait, aux femmes surtout, vu le peu d'exercice qu'elles prennent, une nourriture saine et fortifiante. On sait, par des expériences souvent répétées en Angleterre, que ce n'est pas le suc parfumé des fleurs qui donne aux jeunes *ladies* ces tons roses et veloutés qui s'épanouissent sur leurs jolis visages. Les créoles n'ont pas en général le teint coloré, et elles n'y perdent rien, sous le rapport de la distinction. Mais à Cayenne, il n'est pas nécessaire d'être médecin pour reconnaître dans la pâleur des femmes les effets du triste régime auquel elles sont soumises.

La transportation entretient seule encore la vie et le mouvement à la Guyane et l'on peut croire que, sans elle, les choses suivant leur cours, il ne resterait plus, au bout d'un certain temps, sur cette belle plage, que des maisons en ruines et de malheureux ichtyophages.

A ce bienfait, il existe une terrible compensation, — chaque médaille a son revers, — c'est la fièvre jaune, l'hydre dévorante de ces contrées, qu'a apportée sur ces rivages une trop grande agglomération d'hommes arrivant d'Europe. Le fléau, ignoré de la Colonie depuis 1804, y a reparu en 1850 et 1855 et y a sévi pendant trois années consécutives. Les créoles ont, il est vrai, peu souffert. C'est la métropole qui fournissait les victimes. Le *vomito negro*, comme le Minotaure de Crète, ne se repaît que de sang riche et jeune.

Quelle lamentable histoire serait celle la fièvre jaune dans ce pays ! J'aurai, peut-être, dans le cours de ce récit, à en raconter quelques tristes épisodes,

>...Quœque ipse miserrima vidi
>Et quorum pars *parva* fui...

Mais, grâce à Dieu, à l'arrivée de la *Cérès*, l'état sanitaire de la Colonie était assez satisfaisant, ce qui nous donna le temps de nous acclimater.

Je passai, bien que prenant ma part de la misère

commune, à la ville deux mois assez paisibles. Il n'est pas impossible de s'y créer quelques relations, même en dehors du petit monde des militaires et des employés. Malheureusement, dans l'état de détresse où se trouve la Colonie, ces relations se bornent, la plupart du temps, à quelques visites faites et rendues. Pour l'étranger qui arrive à Cayenne, il n'y a qu'une ressource, ce sont les réunions qui ont lieu quelquefois dans les salons du Gouverneur.

L'hôtel du Gouvernement (on dit aux colonies *le Gouvernement*), touche, à Cayenne, à l'hôpital militaire, dont le sépare un vaste jardin. C'est un grand édifice à deux étages, ayant assez l'apparence d'un cloître. Ce monument, un des plus remarquables de la colonie, est bâti avec ces bois de la Guyane qui ont presque la durée de la pierre. Il a été construit par les Pères Jésuites, qui l'habitèrent jusqu'au moment où ils furent, en 1762, bannis de la France et de ses possessions. C'est, dit-on, un Jésuite qui a fabriqué, à Cayenne même, l'horloge que l'on voit encore aujourd'hui au fronton du pavillon principal.

Au rez-de-chaussée, se trouvent les bureaux du Gouvernement et de la direction des pénitenciers. Les appartements du Gouverneur et de son état-major occupent le second étage; le premier est exclusivement réservé aux fêtes intimes ou officielles. Sur toute la longueur de la façade s'étend, à cet étage, une immense salle, où l'on ferait danser toute la population valide de la Guyane.

C'est l'aspect de cette salle, examinée à certaines heures de la journée, qui indiquera à l'étranger arrivant à Cayenne le plus ou moins de chance qu'il a d'y passer agréablement ses soirées.

Si, vers neuf heures, chaque soir, il voit, sauf deux ou trois fenêtres, la façade plongée dans l'obscurité, c'est que l'âme de toutes les fêtes, celle qui fait la joie de la maison, manque à celle-ci; plus prosaïquement, le Gouverneur est célibataire, ou bien sa noble moitié, oublieuse du précepte qui ordonne à la femme de suivre son mari, a préféré rester en France que de venir ici faire le bien, et apporter par sa présence quelqu'animation à cette pauvre Colonie.

Comme tous les plaisirs honnêtes de la Guyane se résument dans les soirées données au Gouvernement, on est certain de mener alors à Cayenne l'existence la plus triste qui soit au monde.

Mais heureux, trois fois heureux celui qui voit brillamment illuminée la façade de l'hôtel du Gouvernement! Qu'il aille vite endosser l'uniforme ou l'habit noir, et s'il a vingt ans, il poura danser souvent jusqu'au lever de « la pâle aurore. »

Cayenne a gardé la mémoire de *Gouvernantes* aimables, mesdames de C..., T... de M..., et autres, qui ont ainsi jeté quelque joie dans sa monotone existence, et ceux dont ces gracieuses femmes ont adouci l'exil leur ont voué une reconnaissance, dont je suis ici le bien indigne interprète.

A ces devoirs de représentation ne se borne pas, on le devine, le rôle de la Gouvernante. Pour peu qu'elle soit bonne et compatissante, il lui est facile aussi de répandre les bienfaits autour d'elle et de se faire bénir dans ces pays, où l'on vit de peu et où la charité n'est pas ruineuse.

Quelques-unes ont laissé ainsi après elles un souvenir vénéré. D'autres, éblouies par leurs destinées nouvelles, ou trop préoccupées du bien-être futur de la communauté, ont su, au contraire, se faire détester par leur sot orgueil, ou mépriser pour leur avarice. Le mari, complice quelquefois, le plus souvent victime, laissait faire sa noble épouse.

Les créoles ont le caractère fier et généreux, mais un peu railleur. Rien ne leur est plus antipathique que ces airs de fausse grandeur, et ces mesquines questions de pot-au-feu se montrant au sein de la vie publique. Ils ne se gênent pas pour s'en moquer...

Voilà quelquefois l'origine de bien des luttes sourdes entre le Gouverneur et ses administrés.

On se dit alors, comme autrefois : « Ah ! si le *Roi* le savait ! »

Mais le *Roi* est si loin, et puis, qui irait lui conter à l'oreille le récit de ces petites turpitudes, que chacun a pu voir, et que la chronique intime rougit elle-même d'enregistrer ? « Il faut laver son linge sale en famille, » disait un grand Empereur.

Cher lecteur, si jamais, (ce qui est peu probable), vous jouissez de la prérogative Souveraine de nommer des Gouverneurs pour nos colonies en général et la Guyane en particulier, au nom des malheureux exilés qui y meurent quelque peu d'ennui, au nom de votre dignité de Représenté qui peut être compromise par le Représentant, ne choisissez vos Gouverneurs que parmi les hommes mariés à des femmes aimables, généreuses, amies des plaisirs autant que des bonnes œuvres. Vous avez, comme moi, assez bonne opinion de la meilleure moitié de l'espèce pour croire que, même à ces conditions, vous n'auriez encore que l'embarras du choix. Considérez la position de célibataire ou de mari d'une femme en dehors du programme ci-dessus comme un motif suffisant d'exclusion pour la nomination à ces petites vice-royautés, et rappelez à ces dames que l'Évangile et le Code ordonnent à la femme de suivre partout son mari.

Je livre cette idée à vos méditations.

Figurez-vous bien, d'ailleurs, que tout ici est difficile à organiser. Après avoir soupiré longtemps après les soirées dont j'ai parlé, souvent aucune dame ou demoiselle de l'endroit n'y veut mettre les pieds. Vous vous imaginiez peut-être qu'une Gouvernante de bonne volonté n'avait qu'à ouvrir ses salons, pour y voir accourir tous ces affamés de plaisirs. Détrompez-vous. Il faut, au contraire, pour rendre ces petites réunions possibles, déployer une bien profonde politique. L'entreprise est tellement délicate même, que la main légère d'une femme et toute la diplomatie dont sont capables les filles d'Ève ne sont pas de trop ici, pour la mener à bonne fin. Quand quelque Gouverneur, et quelquefois des plus intelligents, a voulu y mettre sa lourde patte d'homme, il a généralement tout gâté.

On sait les antipathies qui séparent, — on dira quelque jour, qui séparaient; car, grâce à Dieu, elles sont en train de disparaître — aux Colonies, les *blancs* des hommes de sang mêlé. Certains Gouverneurs arrivent de France avec la ferme volonté de faire cesser ces divisions, « de fusionner les races, » comme ils disent. Leur intention est digne d'éloges. Mais c'est surtout ici qu'il faudrait faire usage de ce zèle discret, qui ne compromet pas les causes qu'on prétend servir. Ce n'est pas ainsi cependant qu'ont procédé la plupart du temps ceux qui se croyaient de force à entreprendre cette difficile tâche. Habitués à imposer leur volonté et investis, dans leur gouvernement, d'une autorité à peu près sans contrôle, ils ont oublié qu'on ne traite pas une société tout entière comme l'équipage d'un vaisseau. Aussi ne sont-ils parvenus, avec les meilleures intentions, qu'à réveiller des haines et des ferments de discorde, qui sommeillaient avant leur arrivée, et ne se sont assoupis quelquefois que longtemps après leur départ.

Cette faute n'aurait pas été commise par des administrateurs habiles, rompus à la pratique des hommes. Mais, malheureusement pour les Colonies, c'est presqu'exclusivement parmi les officiers de marine qu'on choisit depuis longtemps ceux auxquels on confie la difficile mission de les gouverner. Certes, la vie de bord est propre à former des Jean-Bart et des Duquesne, mais elle ne donne pas la connaissance des hommes, et la finesse diplomatique nécessaire pour les conduire ; elle n'initie pas aux questions financières ; elle n'apprend ni le droit administratif, ni l'économie politique, ni aucune des choses que ne doit pas ignorer un préfet, et à plus forte raison un Gouverneur.

On en a vu cependant qui, sans savoir précisément tout cela, comprennent qu'il est de certaines questions sociales comme de l'œuf, germe de toute vie ici-bas, auquel une certaine période d'incubation est indispensable. Ceux-là, moins présomptueux ou plus adroits que les précédents, se contentent de préserver de tout accident l'œuf confié à leurs soins, et laissent au temps celui de le faire éclore.

Le temps, voilà, en effet, le grand praticien qui, avec l'aide de l'éducation en commun, opérera aux Colonies la fusion des races, dans les limites du possible.

Répétons donc aux esprits impatients que, dans la solution des questions sociales, il faut savoir attendre, et ne pas oublier que, là surtout.

« Le temps n'épargne pas ce qui se fait sans lui. »

VI

Puisque nous voilà sur ce chapitre, auquel m'a conduit, je ne sais trop comment, ma promenade à travers Cayenne, je dois ajouter qu'il y aurait bien des erreurs à rectifier sur ce qu'on appelle en France les *préjugés Créoles*. On y croit généralement que nos compatriotes d'Amérique sont gens encroûtés dans les idées du passé, et cousus de préjugés aussi ridicules qu'incurables... On les connaît mal. Ceux qui ont vécu dans leur pays diront, comme moi, qu'il en est peu où l'on rencontre plus de cœurs chauds et d'esprits généreux. Aussi, la plupart du temps, les étrangers qui arrivent dans ces contrées, pleins de préventions contre les *blancs* et d'illusions poétiques sur les *noirs*, passent-ils souvent du *noir* au *blanc*, avec une fougue que les créoles eux-mêmes sont obligés quelquefois de modérer. Soyons donc justes, même de loin, envers tout le monde. Gardons notre compassion pour les malheurs qui sont sous nos yeux, et laissons les *faux-bonshommes* s'apitoyer sur les imaginaires infortunes d'outre-mer, afin de se dispenser de soulager celles autrement réelles qui frappent à leurs portes. N'oublions pas que presque tous les hommes : négociants, planteurs, avocats, avoués, médecins, notaires etc, qui habitent nos Colonies, ont été élevés en France sur les mêmes bancs que nous, qu'ils nous valaient en cœur et en intelligence, et qu'il est peu probable qu'en touchant de nouveau le sol natal, ils soient devenus tout à coup des esprits étroits, ou des âmes impitoyables. N'est-il pas certain, au contraire, que si, de retour dans leur patrie, ils avaient trouvé chez leurs parents, leurs amis, leurs compatriotes de même *couleur*, les préjugés féroces qu'on prête aux créoles, ils auraient réagi violemment contre de tels abus? Non! sauf quelques exceptions, surtout parmi les femmes qui ont le sens aristocratique plus développé, les créoles d'aujourd'hui ne sont pas plus intolérants que nous. Ils obéissent à des lois sociales et morales que nous observons nous-mêmes en France, et auxquelles, placés dans le milieu qu'ils habitent, nous nous conformerions exactement comme eux.

Il m'a été donné à ce sujet une leçon que je n'ai pas oubliée.

Il y avait à Cayenne, quand j'y arrivai, un fort spirituel vieillard nommé M. de B.... C'était un

4.

de ces planteurs-gentilshommes, comme on en voyait aux jours de prospérité de la Colonie. Ses compatriotes, tout en le redoutant un peu à cause de sa causticité, l'aimaient et le respectaient infiniment. Les jeunes Européens, nouvellement arrivés, qu'il s'amusait quelquefois à taquiner sur ce qu'il appelait leurs *illusions libérales*, le tenaient, eux, pour un homme *bourré* de préjugés à l'endroit des noirs, un « créole à tous crins, » comme on dit dans le pays.

Or, un soir on dansait à l'hôtel du Gouverneur. Comme on le saura plus tard, depuis un an environ, j'étais exilé dans les bois, où je menais la vie de sauvage. Aussi ces flots de lumière, toutes ces toilettes vaporeuses aux vives couleurs que portent au bal les femmes dans ces pays; ces blanches épaules, ces yeux, ces cheveux noirs, me causaient-ils l'éblouissement qu'eût éprouvé à ma place un *Roucouyène* ou un *Oyampi*.

Quand je me fus un peu habitué à tout cet éclat, je commençai à distinguer quelques détails dans le tableau mouvant qui s'agitait devant moi... L'orchestre jouait le prélude d'une contredanse. En face de l'embrasure dans laquelle je me tenais modestement, vint se placer, conduite par son cavalier, une jeune femme de vingt à vingt-cinq ans.

Dès que je l'eus aperçue, mon regard revint toujours involontairement au groupe dont elle faisait partie. C'était bien, comme on dit, la reine du bal. Sa peau avait la blancheur mate du camellia. Ses cheveux noirs tombaient sur ses belles épaules en grappes soyeuses. Ses yeux avaient cette douceur veloutée qui donne tant de charme aux femmes de ce pays. Mais ce qu'il y avait surtout de charmant en elle, c'était son sourire, plein à la fois de tristesse et de bonté. En la voyant, on se demandait si cette gracieuse créature, qui semblait si bien faite pour le bonheur, en avait eu sa part en ce monde.

A qui n'est-il arrivé, au milieu de la joie et de l'éclat d'une fête, d'arrêter ainsi son regard sur quelque pâle et doux visage, en cherchant le mot d'une douloureuse énigme?

Tandis que j'admirais la belle inconnue, j'aperçus M. de B... qui me regardait de son œil moqueur.

A vingt-deux ans, on n'aime pas à être surpris dans ces sortes de contemplations. J'essayai donc de m'esquiver, quand je vis le vieux créole se diriger de mon côté; mais la disposition des groupes de danseurs s'opposa à ma fuite.

— Eh bien, mon jeune ami, me dit M. de B..., quand il fut près de moi. il paraît que nous *la* trouvons fort belle? Je parierais volontiers que, dans vos bois, vous n'avez pas rencontré, sous quelque palmier, de *sauvagesse* bâtie sur ce modèle ?

— Et vous gagneriez votre pari, répondis-je gaiement, décidé à faire contre mauvaise fortune bon cœur. La preuve est que si j'avais rencontré, dans mes forêts, une Atala comme celle-ci, je serais encore à rôder autour de son wigwam.

— Et ne seriez-vous pas aise de savoir quel est le Chactas de votre Atala ?

— Il y a donc un Chactas ?

— De par le code, répondit M. de B..., et qui plus est, ni beau, ni jeune, ni spirituel... Le wigwam vous sera ouvert, quand vous voudrez. Vous voilà, j'espère, assez d'atouts dans la main, comme on dit aujourd'hui en style de cabaret.

— Et quel est l'heureux mari de cette délicieuse femme?

— Votre camarade G...

— Impossible! m'écriai-je.

G... était un vieux lieutenant à cheveux gris, brave homme, mais épais, sans naissance, sans éducation, un sergent sur la capote duquel on avait mis des épaulettes d'officier.

M. de B... s'amusa de mon étonnement.

— Je m'aperçois, dit-il, que, vivant depuis un an

dans les bois, vous n'êtes pas au courant de la situation. Eh bien, allez rendre visite à G... Vous verrez le dessous des cartes et comprendrez que votre idole de ce soir a été heureuse encore d'épouser ce vieux sanglier...

Je crus que M. de B... profitait de l'éblouissement que j'éprouvais, pour se moquer un peu de moi. Je me promis de profiter, à mon tour, du conseil qu'il me donnait, et d'avoir bientôt le mot de sa charade.

Dans la soirée, je dansai avec madame G... Elle était encore plus charmante que jolie. Il est certain que j'en eusse rêvé cette nuit-là, si, à côté de son doux et triste visage, je n'avais toujours vu la face triviale et ridée du mari.

Après deux jours d'attente, délai que je crus suffisant, pour ne pas laisser voir trop d'empressement, j'allai faire visite à mon camarade G... Il était absent. Je l'avais un peu prévu; car c'était précisément l'heure à laquelle son service le retenait au *quartier*.

Madame G... me reçut en l'absence de son mari. Elle ne perdait rien à être vue au grand jour. C'était bien toujours ma gracieuse apparition du bal.

Il y avait dans tout l'ensemble de cette ravissante créature, dans ses yeux au regard un peu mourant; dans sa voix, qui n'avait conservé de l'accent créole que cette façon un peu traînante de prononcer les mots qui donne je ne sais quel charme au langage; dans ses airs un peu penchés sans prétention, quelque chose de tendre et de résigné qui faisait rêver... Je la vois encore, avec sa robe blanche et ses cheveux noirs et soyeux, à demi couchée, la nonchalante créole, dans un de ces fauteuils qu'on appelle *berceuses* dans le pays... Qu'elle était ravissante ainsi ! Elle me fit avec une grâce parfaite les honneurs de sa maison. Son esprit, aimable et bienveillant, plus cultivé que ne l'est en général celui de ses compatriotes, complétait le charme naturel qui émanait de toute sa personne.

Madame G... n'était pas de ces femmes qui ne sont spirituelles qu'à condition de médire du prochain. Bien au contraire. Je fus même étonné du soin extrême (coutume assez rare dans les petites localités), qu'elle mettait à écarter de la conversation tout ce qui avait trait aux hommes et aux choses de la Colonie. Elle parla volontiers de la France, de Paris, en femme de goût qui connaît le prix des choses du cœur et de l'intelligence, et comme je m'émerveillais qu'elle, créole, connût si bien notre pays :

— C'est que j'y ai été élevée, me dit-elle. J'y ai passé mon enfance et ma jeunesse.

— Et vous l'aimez? lui demandai-je.

— De toute mon âme, répondit-elle avec chaleur.

— Et la Guyane?

— Oh! non, quoique j'y sois née.

— Puisque la France, vous plaît tant, madame, lui dis-je, restons-y par l'imagination, en attendant le jour où nous pourrons revoir ce cher pays.

— Ce sera le plus beau jour de ma vie, dit-elle en soupirant, car j'ai vécu en France les seules années heureuses de mon existence.

En ce moment, la porte du salon s'ouvrit. Je me retournai à demi.

Une vieille mulâtresse entra. Elle avait la tête enveloppée d'un *madras*, attaché d'une façon extravagante... Une chemise de toile, à moitié défaite, laissait voir sa poitrine flétrie. Un morceau d'étoffe de couleur lui entourait les reins. Elle trainait aux pieds d'ignobles savates.

— *Bonjoù Amélia,* dit-elle à madame G...

Je jetai sur celle-ci un regard qui témoignait de l'étonnement que me causait une telle familiarité.

Elle rougit. Puis, comme si elle eût eu honte de

son émotion, elle se leva vivement, alla à la vieille mûlatresse, et l'embrassa en disant :

— Bonjour, ma mère !

La lumière se fit à mes yeux. Pauvre jeune femme ! Sa douleur et ses regrets ne s'expliquaient que trop... Je me hâtai de prendre congé de madame G..., pour mettre fin à l'embarras que nous éprouvions l'un et l'autre.

Quelques jours après, comme je passais devant sa maison, la vieille *Yéyenne*, (c'était la mère), m'arrêta. Elle tenait par la main deux enfants.

— *Mi pitites mâme G...* (voilà les enfants de madame G...), me dit-elle.

Je me penchai pour les embrasser.

Quelle ne fut pas ma surprise! La petite fille était blanche comme sa mère; mais le petit garçon, plus jeune d'un an, avait le teint café-au-lait de l'affreuse grand-maman.

A leur côté, marchait un robuste gars de quinze ans, presque aussi noir qu'un véritable nègre.

— *Mi mon oncle yo* (voilà leur oncle), me dit Yéyenne, qui me fit, comme la chose la plus naturelle du monde, cet aveu dépouillé d'artifice.

Quand je rencontrai mon vieux créole :

— Eh bien! me dit-il, avez-vous visité la *case* (la maison)?

— Oui, lui répondis-je, et je dois vous avouer que ce que j'ai vu m'a navré le cœur. Pauvre femme! quelles tortures!

— Ne pensez-vous pas, comme je vous le disais l'autre soir, qu'elle a dû être heureuse d'épouser l'homme, quel qu'il fût, qui pouvait au moins la retirer de cet enfer?

— Vous aviez raison, répondis-je, mais il me semble que votre langage, quand vous parlez de cette malheureuse femme, ne respire pas assez la pitié qu'elle doit inspirer à tous les gens de cœur.

— Croyez, me dit-il en quittant l'air railleur qui lui était habituel, que je la plains de toute mon âme; j'ai voulu seulement, en vous intriguant un peu, vous forcer à voir les choses par vous-même. Je n'y eusse point réussi, si je vous avais mis tout de suite au courant de la situation : on ne recherche pas le spectacle des malheurs qu'on ne peut soulager... Vous êtes édifié maintenant sur ce qu'on appelle nos *préjugés créoles*. Si l'on vous en parle en France, vous pourrez dire quelles belles-mères on voudrait nous voir donner à nos enfants... Vous avez vu le frère de madame G...; vous rencontrerez, un jour ou l'autre, ses jeunes

5

sœurs, qui ont des mœurs à faire rougir vos matelots. Voilà les familles des gens que l'on voudrait mettre, dans nos maisons, à côté de nos femmes et de nos filles... Quand la malheureuse Amélia, que son père de hasard avait fait élever en France, et qui y avait rêvé, sans doute, une mère et une famille comme celles de ses compagnes de pension, a entendu en débarquant la vieille Yéyenne l'appeler « *Mô pitite!* », quand elle a aperçu ses frères et ses sœurs, perdus de mœurs, et ressemblant à un damier pour la couleur, elle s'est évanouie de douleur. Elle quittera bientôt ce pays, mais la vue de ses deux enfants de tons si différents, sera toujours là pour lui rappeler son malheur... La question morale et sociale est compliquée, vous le voyez, d'un phénomène physiologique que je recommande à vos méditations. »

Tel fut son discours. Je ne le loue, ni ne le blâme, vous laissant le soin, lecteur, de le trouver bon ou mauvais.

VII

La vie s'écoule assez monotone à Cayenne.

Notre principale distraction, à nous autres soldats, était de faire chaque jour de grand matin, comme au printemps en France, l'exercice sur la place des Palmistes.

La manœuvre était souvent égayée par les mouvements imprévus auxquels se livraient nos hommes, pour éviter le choc des projectiles, dont nous avons déjà parlé.

M'est avis que si le bon La Fontaine eût songé aux palmiers, aux cocotiers, et à quelques autres arbres des Tropiques, il eût éprouvé quelqu'embarras à établir les prémisses de sa fable du gland et de la citrouille :

> Dieu fait bien ce qu'il fait. Sans en chercher la preuve
> En tout cet univers et l'aller parcourant,
> Dans les citrouilles je la treuve.

Ces épées de Damoclès, suspendues sur nos têtes, ne mettaient pas nos jambes à l'abri des attaques d'autres ennemis. Souvent, les officiers étaient forcés de tolérer une lacune à la ligne de bataille ou un vide à une des faces du carré, quand quelqu'infortuné soldat se trouvait placé sur le domaine d'une tribu de fourmis-Oyapock.

A cause de la chaleur, les manœuvres se terminaient toujours avant neuf heures du matin. On allait ensuite chercher, chez un empoisonneur de l'endroit, la maigre pâture, qu'on lui payait fort grassement.

Dans la journée, de midi à quatre heures, malgré un soleil éclatant, une nuit nouvelle commence pour les habitants de la Guyane. Les rues sont désertes. Chacun est enfermé chez soi, volets et rideaux hermétiquement clos, et grâce à l'engourdissement produit par la chaleur et l'inaction, on sommeille à demi, pendant deux ou trois heures. C'est ce qu'on appelle faire la *sieste*. Quand on arrive dans le pays, on attribue ce besoin de *farniente* à la mollesse des habitants; mais au bout de quelques mois, le tempérament s'appauvrissant sans doute sous l'influence du climat, on sent, après le repas du matin, une lassitude générale et une titillation sous les paupières, que la volonté est impuissante à dissiper. On fait alors comme tout le monde; on s'étend dans son hamac, et l'on prend sa part de l'assoupissement général.

De dix heures du matin à quatre heures de l'après-midi, la troupe est, par mesure de prudence, consignée dans ses quartiers. Nos soldats, si on les eût laissés libres, n'auraient pas manqué de se livrer dans la journée à des excès qui eussent compromis leur existence... Dans les premiers temps du séjour aux Colonies, lorsque ces chaleurs continuelles n'ont pas encore abattu les forces de l'Européen, toutes ses facultés vitales semblent comme exaltées. Il éprouve un impérieux besoin de s'enivrer de grand air, et s'expose aux ardeurs d'un soleil foudroyant... La soif aidant, les hommes du peuple, soldats et matelots, que ne maintiennent pas des habitudes de bonne éducation, boivent ensuite sans mesure... Les médecins des hôpitaux militaires pourraient dire le nombre de victimes que font ces funestes entraînements.

Vers quatre heures, la température est moins étouffante. On ouvre les portes de la caserne. Les habitants sortent un à un de chez eux... La ville se réveille...

A un quart de lieue de Cayenne, se trouve un jardin de fleurs et de fruits, cultivé par les soldats. On l'appelle le *Jardin militaire*. C'est la promenade préférée des habitants. Vous y rencontrerez, de quatre à six heures. quelques familles créoles. Les quelques mulâtresses, qui forment le demi-monde de l'endroit, fréquentent aussi le Jardin Militaire. On va ici au *Jardin*, comme à Paris, on va au *Bois*.

Les heures les plus agréables de la vie guyanaise ne commencent qu'au coucher du soleil. Le crépuscule, qui donne un si grand charme aux soirées, dans les pays plus rapprochés des pôles, n'existe pas sous ces latitudes. On y passe, presque sans transition, de la lumière vive à la plus complète obscurité. Mais les nuits sont, quand le ciel est pur, d'une éblouissante beauté. La voûte céleste semble plus constellée que dans nos climats ; les étoiles, plus brillantes ; une brise constante rafraîchit l'air et délasse le corps, énervé par les fortes chaleurs du jour.

Le temps s'était mis au beau-fixe quelques jours après notre débarquement. A la Guyane, l'année se divise en deux saisons bien distinctes : l'été, ou mieux la *saison sèche*, qui commence en juillet et finit en novembre ; l'*hivernage*, ou la saison des pluies, qui dure de décembre au mois de juillet. En mars et avril, on a quelques semaines de beau temps. C'est le *petit été de mars*, dont nous jouissions depuis notre arrivée dans le pays.

Non loin du *Jardin Militaire*, existe un banc de rochers que la marée basse laisse à découvert.

C'est sur l'un d'eux que je passais la plupart de ces belles soirées, regardant alternativement la mer qui s'étendait immense devant moi, et la grande cité au-dessus de ma tête, où les étoiles s'allumaient une à une... La brise, qui soufflait sans cesse à mes oreilles, me jetait bientôt dans une sorte d'ivresse, et je restais là de longues heures, songeant aux amis, aux parents laissés en lointain pays, ou perdu, comme un fumeur d'opium, dans des pensers vagues.

Les exigences du metier de soldat s'opposaient souvent à mes *contemplations*; car, une semaine sur deux, il fallait garder l'uniforme, sous lequel on est mal à l'aise pour rêver, et assister à l'appel de huit heures.

Un soir que je me rendais ainsi à la caserne située à l'extrémité de la ville, il m'arriva une aventure que je veux narrer ici, parce qu'elle en vaut la peine, et qu'elle jettera, d'ailleurs, sur mon récit quelque couleur locale.

C'était vers sept heures et demie, il faisait déjà nuit noire. J'étais avec mon camarade *Ligier*, le fils du célèbre tragédien. Comme nous arrivions à l'angle de la prison de la ville, nous entendîmes un bruit étrange partant d'une sorte de masure abandonnée, qui ne servait plus que de pigeonnier.... Ladite masure avait été désertée par ses paisibles hôtes. On les voyait, commes des taches noires, tourbillonnant en l'air avec des battements d'ailes qui dénotaient une véritable épouvante.

Le factionnaire du poste avait croisé la baïonnette, et se tenait prêt à se défendre contre un ennemi invisible. Ligier lui prit sa carabine.

Nous nous mîmes à faire une reconnaissance en règle autour du pigeonnier... Tout à coup, nous apercevons, nous regardant dans l'ombre, deux yeux énormes, phosphorescents comme ceux d'un chat. Ligier épaule rapidement et fait feu. Au bruit de la détonation, répétée par les échos des rues désertes, tous les chiens du voisinage se mirent à hurler à l'unisson.

Malgré ce tumulte, nous entendions dans la masure un bruit saccadé, comme celui que produirait la chute d'un animal puissant, bondissant contre les murs et retombant sur le sol. Quelques grognements sourds suivirent; puis un profond silence.

Le poste était accouru au coup de feu. On entra dans le pigeonnier, la baïonnette en avant, comme à l'assaut d'une redoute. Le tambour de garde nous éclairait, sa lanterne de ronde à la main.

Sur le sol gisaient nombre de pigeons déchirés, et dans un coin, nageant dans une mare de sang, un tigre énorme, dont les flancs battaient encore. La balle de Ligier, logée dans l'œil droit, lui avait traversé la tête. [1]

Deux jours après cette aventure, qui causa quelqu'émoi dans la ville, une bande de cochons *marrons* (sauvages) traversa Cayenne dans sa plus grande longueur.

Malheureusement, c'était l'heure de la sieste, et l'ennemi ne laissa sur le carreau ni morts ni prisonniers.

Outre ces libres habitants des bois, qui rendent rarement visite aux citadins, il y a à Cayenne, dans beaucoup de maisons, comme hôtes familiers, des singes et des perroquets de toute espèce;

---

[1]. Sans vouloir diminuer en rien le mérite du *héros* de ce petit drame, nous croyons devoir prévenir le lecteur que le tigre de l'Amérique Méridionale (le jaguar) n'a ni la force, ni la férocité du *Tigre Royal*, originaire du Bengale. C'est même un animal presque inoffensif, et qui n'a jamais été accusé, que je sache, d'homicide volontaire. Mais on présume qu'il connaît les droits de la légitime défense, et en userait à l'occasion.

D'anciens auteurs racontent pourtant que, lorsque les Européens débarquèrent dans l'*Ile de Cayenne*, les tigres y étaient si nombreux, et si audacieux que leurs exploits furent sur le point de faire abandonner la colonie naissante... Ce sont là de vieilles histoires, auxquelles il faut accorder une créance très-limitée.

Il y a près de Cayenne une colline qu'on appelle encore néanmoins la *montagne-Tigre*.

dans les basses-cours, des *hoccos*, sorte de dinde sauvage d'un noir de jais, avec une aigrette frisée sur la tête et un bec d'un jaune éclatant; des *marayes*, joli faisan, qu'on apprivoise très-facilement; des *agamis*, grosse pintade d'un gris-cendré charmant, qu'on prétend être le chien de garde de la basse-cour.

Le soir, l'agami se place, dit-on, à la porte du poulailler, droit et roide comme un caporal prussien, et fait défiler sous son œil la gent emplumée. Malheur au retardataire qui s'est laissé entraîner par l'appât de quelque fumier frais remué ou de quelque amour facile, le bec de l'agami l'a vite ramené au logis, si bien houspillé qu'il ne recommencera de longtemps... Je n'ai jamais assisté à ce spectacle; mais j'ai vu des agamis accourir au devant de leur maître, le suivre comme un chien, se frotter contre sa botte, avec des ronrons pleins de tendresse.

Des *ibis*, ou flamants roses, des *aigrettes* blanches, des *oiseaux-mouches*, des *colibris* de toutes couleurs volent dans les rues et les jardins, sous le feuillage des arbres toujours verts.

Au milieu de tous ces oiseaux au plumage éclatant, se montrent avec cynisme d'énormes et hideux corbeaux qui, avec leur col déplumé, ressemblent à de petits vautours. Moins gracieux, mais plus utiles que les jolis êtres dont nous venons de parler, ils contribuent à la salubrité de la ville, en débarrassant la voie publique de toutes les immondices qu'on y jette. Aussi, par des motifs différents, sont-ils aussi respectés ici que les cigognes en Égypte. Leur familiarité en est même devenue telle, qu'ils tiennent le haut du pavé, et se jettent sans façon entre les jambes des passants. Dans la saison des grandes pluies, dès que luit un rayon de soleil, on les voit tous, perchés sur le sommet des toits, les ailes étendues, comme sur nos plaques d'assurances on représente le Phénix, et dans une immobilité si complète, que je pris de loin le premier que j'aperçus pour une girouette rouillée.

Tous ces hôtes étranges donnent à la ville une physionomie qui, je vous assure, ne manque pas d'originalité.

VIII

Quelque temps avant mon arrivée à Cayenne, il s'y était formé, sous la présidence honoraire du

Gouverneur, un Cercle qui, sans doute, n'existe plus aujourd'hui. Tout est éphémère sous ces climats. Quand les pluies recommencèrent vers la fin d'avril, la plupart des employés et quelques habitants de la Colonie s'y réunissaient le soir. Tous les mois, les nouvelles reçues d'Europe défrayaient les conversations. Dans l'intervalle, on causait des rares événements qui surgissaient de temps à autre sur la surface unie de la vie coloniale : départs pour les pénitenciers, retours au chef-lieu, évasions de condamnés, etc. La question à l'ordre du jour en ce moment était l'essai de colonisation en terre ferme qui se faisait dans la *Comté*.

A juger par ce qu'on en disait, le choix du pays n'était pas précisément heureux. Chacun redoutait d'y être envoyé : on citait des hommes qui en étaient revenus, au bout de quelques jours, pâles et amaigris, comme gens relevant d'une grave maladie.

Le capitaine K... qui commandait l'établissement, et le lieutenant Z... venaient d'être rapportés, tous deux fort maltraités, à l'hôpital de Cayenne.

Il y avait quelques jours que ces officiers étaient revenus de la Comté, quand je fus mandé, un matin, à l'hôtel du Gouvernement. J'y trouvait le capitaine B..., qui commandait le pénitencier de l'*Ilet-la-Mère*.

Le gouverneur nous dit qu'il avait besoin de deux officiers pour diriger l'établissement naissant de la Comté, que le capitaine B... lui était déjà connu, et que le Colonel m'avait désigné à lui pour cette mission spéciale.

— Je pourrais, ajouta l'Amiral, vous donner un ordre de service, mais comme je veux avant tout des hommes, et surtout des chefs, de bonne volonté, j'ai préféré vous demander d'abord s'il vous convenait d'accepter ce poste, comme il me convient de vous le confier.

Il était difficile de répondre négativement à une question posée en ces termes. Les bruits sinistres qui circulaient nous auraient mis, d'ailleurs, dans l'impossibilité de refuser. Nous acceptâmes.

— L'établissement est sans officiers militaires, nous dit l'amiral. L'*Oyapock*, qui l'approvisionne, n'y doit retourner que dans quelques jours... J'y expédie, aujourd'hui même, une chaloupe avec des vivres, des outils et des travailleurs. Pouvez-vous partir ce soir ?

Nous répondîmes que le délai était court ; mais que nous serions prêts, puisqu'il y avait urgence.

Le Gouverneur nous donna quelques instructions, et nous prîmes congé de lui.

La malle d'un soldat est bientôt faite... Nous eûmes encore le temps d'aller serrer la main aux quelques amis que nous avions à Cayenne. Les miens me firent tous, je me le rappelle, des adieux aussi tristes que si je venais d'être condamné à mort.

Le soir, vers six heures, nous trouvâmes au quai une sorte de grande chaloupe, montée par dix nègres. C'était la barque qui devait nous conduire à notre nouvelle destination.

Je n'avais aucune idée des lieux que nous allions traverser, n'ayant jusque-là fait aucune excursion dans l'intérieur du pays. Je n'étais donc pas fâché de naviguer en *pirogue*. Si nous nous étions embarqués sur l'*Oyapock*, notre voyage aurait été plus confortable, sans doute, mais bien moins pittoresque.

Au moment du départ, plusieurs naturels de l'endroit viennent nous demander un passage, que nous leur accordons en bons princes. Le grand canot est bientôt un pêle-mêle de nègres, d'Indiens, de chiens et de provisions de toutes sortes.

Nous mettons à la voile et nous traversons toute la rade de Cayenne.

Après quelques heures de navigation, nous ar-

rivons à l'embouchure d'un grand cours d'eau.
— Voilà la rivière des *Cascades*, nous dit le patron noir de la pirogue.

On appelle ainsi cette rivière à cause des barrages naturels qu'on y rencontre. Nous la laissons à droite. Les nègres de l'équipage amènent la voile et s'arment de leurs *pagayes*.

C'est une sorte de rame, qui ressemble, sauf la plus grande longueur du manche, aux battoirs de nos blanchisseuses. Les *pagayeurs*, placés la face tournée vers l'avant, à l'inverse des rameurs qui se servent de l'aviron, la tiennent d'aplomb, une main placée sur le sommet du manche, l'autre serrée près de la pelle, pour en chasser l'eau le long des flancs de l'embarcation.

Avec le puissant levier de nos avirons on obtiendrait, pour un parcours de peu d'étendue et dans une eau dormante, une vitesse bien plus grande qu'avec la *pagaye*. Mais quand il s'agit de naviguer des journées entières dans des rivières rapides et sinueuses, il est indispensable de se tenir à l'abri du courant, en rasant la rive que protège sa convexité. La primitive *pagaye* est alors le seul instrument dont on puisse faire usage. Les officiers, qui ont fait l'hydrographie de certaines rivières de la Guyane l'ont toujours substituée à l'aviron, même quand leur équipage était composé de matelots blancs.

— Nous entrons dans la rivière du *Tour-de-l'Ile*, nous dit en ce moment le patron dans son jargon nègre.

— Tu appelles ça une rivière, vieux farceur, lui dit le capitaine B...

— Ah ! *pas mô* (ce n'est pas moi), répond-il en riant.

Le patron a raison de décliner toute responsabilité dans cette appellation. Cette prétendue rivière n'est, en effet, qu'une sorte de canal naturel, étroit et encaissé entre deux épais rideaux de *palétuviers*. Le seul courant qui s'y fasse sentir est dû au flux et au reflux des marées.

C'est un des lieux les plus tristes et les plus fétides que j'aie vus de ma vie. L'air ne s'y renouvelle jamais. L'eau n'y est qu'une sorte de boue liquide. Les terres environnantes sont formées de bancs de vase, sur lesquels on peut, à marée basse, suivre la trace des hideux caïmans, qui, vivant de préférence dans l'eau saumâtre, sont très-nombreux dans cet immense fossé.

Bientôt, nous apercevons un assez grand nombre de ces amphibies. Ils ne paraissaient avoir guère plus de six à sept pieds de long. Je savais cependant qu'il y en a à la Guyane qui atteignent jusqu'à trois et quatre mètres. J'avais eu occasion de voir chez un de mes camarades, qui l'avait tué à la *Montagne-d'argent* d'un coup de carabine, un de ces animaux empaillé. Il avait dix pieds et demi de l'extrémité du museau au bout de la queue. Sa gueule ouverte était chose effrayante à voir.

C'est à l'embouchure des rivières dont les lits sont vaseux et où le poisson abonde que se tiennent de préférence les caïmans. Les *aigrettes*, les *plongeurs*, les *grands-blancs*, tous les gibiers en un mot qui vivent de frétin, recherchent les mêmes lieux. Là où l'on voit ces oiseaux en grand nombre, on peut présumer qu'il y a aussi beaucoup de caïmans. A la Guyane, ces amphibies son très-nombreux et atteignent leurs plus grandes dimensions, sur les bords de l'*Ouassa*, affluent du *Oyapock*.

Il y a là, m'a-t-on dit, une langue de terre, où quelques familles de pêcheurs indiens ont élu domicile. Leurs cases sont construites sur quatre *fourcas;* c'est-à-dire quatre pieux plantés en terre, de façon à isoler complétement l'étage où demeurent les hommes et où l'on renferme la marchandise.

Le soir, quand on prépare la pêche de la journée, un chapelet de têtes de caïmans se forme peu à peu autour du rivage.

Dès que le soleil disparaît de l'horizon, les hommes se hâtent de monter dans leurs huttes aériennes; et la terre appartient aux caïmans.

On les voit sortir du fleuve et ramper sur le sable. Ils viennent dévorer les entrailles de poisson que les pêcheurs leur abandonnent. Ceux-ci, de l'étage supérieur, entendent claquer, à quelques pieds sous eux, les mâchoires des monstres, et le *carbet* tremble parfois sous les chocs qu'ils impriment, dans leurs ébats, à l'échafaudage qui le soutient.

Il faisait, le soir de notre départ de Cayenne, un de ces clairs de lune des Tropiques, qui permettent de voir comme en plein jour. Nous pûmes, le capitaine B... et moi, nous amuser à tirer à balle quelques caïmans qui dormaient sur la vase. Ils ont la peau fort dure, et, pour les tuer sur le coup, il faut les viser au défaut de l'épaule. Quand notre balle avait bien frappé, ils culbutaient sur le dos, et l'on voyait briller, au clair de lune, leurs ventres d'un blanc d'argent.

Cette chasse peu productive, (car nous ne ramassions pas le gibier), nous ennuya bientôt, et nous nous retirâmes sous le *pomacari*[1] sorte de tente

---

1. Mot d'étymologie indienne. On en rencontre souvent dans la langue usuelle de la Guyane.

en paille tressée, qui forme comme un petit tunnel à l'arrière de tous les canots de voyage.

Une fois là, il s'agissait de dormir. Ce n'était pas chose facile. Les nègres ont l'habitude de chanter en pagayant, surtout pendant la nuit, et quand ils conduisent quelque personnage qu'ils croient de distinction, ils s'imaginent lui faire beaucoup d'honneur, en le régalant de tout leur répertoire.

Pour le plus grand supplice des auditeurs, ce répertoire, hélas! est varié à l'infini. Un des chanteurs fait le solo, et improvise, paroles et musique, tout ce qui passe dans sa tête crépue. Les autres reprennent en chœur sur un refrain convenu d'avance. Ils chantent, tantôt sur un ton grave et monotone, tantôt en fausset, de toute la force de leurs poumons.

La mesure est plus ou moins vive, et les pagayes frappent toujours en cadence.

Ce sont de temps à autre des paroxysmes d'enthousiasme. Tous à la fois font alors sauter leurs pagayes, les reprennent en l'air, et les plongent dans l'eau, en poussant un cri guttural, accompagné d'un effort violent, qui fait bondir l'embarcation.

On ne saurait croire à quelle distance ces chants sauvages vous signalent la présence d'une pirogue.

quand on navigue sur les rivières de la Guyane, et quelle émotion produit la voix humaine entendue dans ces vastes solitudes!

Peu habitué à cette harmonie d'un genre tout nouveau pour moi, j'en avais les oreilles singulièrement agacées. Mais comment imposer silence à ces braves gens, sans leur faire de la peine? C'eût été, d'ailleurs, de l'ingratitude; car nous voyant pour la première fois, ils chantaient nos louanges sur tous les tons, nous attribuant toutes les vertus imaginables.

Une autre cause d'insomnie était l'odeur, épouvantable pour nos narines européennes, que répandaient, sous le *pomacari*, le poisson boucané, les Indiens et leurs chiens,

Là, ne se bornaient pas nos misères. A peine étions-nous entrés dans la Tour-de-l'Ile que des nuées de moustiques s'étaient abattues sur nous. Ils nous piquaient au visage; ils nous piquaient aux mains. Nos vêtements même nous protégeaient imparfaitement contre eux. A l'endroit où pénétrait leur petite trompe, la peau se gonflait immédiatement et l'on éprouvait une démangeaison insupportable.

A la Guyane, il n'y a pas de moustiques dans les terres hautes, sauf au bord des marécages;

mais les terres basses en sont infestées. Dans certaines parties du pays, leur présence est un véritable fléau. On est forcé de prendre ses repas sous une *moustiquaire*, vaste rideau de gaze, qui enveloppe la table et les convives. Au coucher du soleil, les moustiques arrivent par escadrons, obscurcissant l'air, dont ils sont les véritables maîtres. C'est ce qu'on appelle le moment de la *volée*. Les vêtements les plus épais ne vous mettent pas à l'abri de leurs piqûres. Il y en a, les *macs*, qui ont la petite lance, qu'ils vous enfoncent dans la chair, d'une telle longueur, qu'ils vous atteignent à travers le tissu du hamac dans lequel vous reposez.

Même sous la moustiquaire, on ne s'endort jamais avant de s'être assuré qu'il ne s'est pas glissé d'ennemi dans la place. Pour cela, on se met debout sur le lit, et l'on agite son mouchoir dans tous les sens, comme si l'on disait adieu à des amis invisibles, placés aux quatre points cardinaux. — La première fois que je vis un camarade de chambre se livrer à cet exercice, je le pris pour un fou, et me tins, jusqu'à plus ample informé, sur la défensive... — Après un quart d'heure de cette gymnastique, on est dans un tel état de moiteur et d'agitation qu'on n'en dormira probablement pas le reste de la nuit. Mais on a, du moins, quelque chance d'être à peu près débarrassé des moustiques.

Je ne connais rien de plus agaçant que la petite fanfare effrontée dont ces infimes vampires font précéder leurs assauts. Leur chant de guerre, joint à celui de nos pagayeurs, formait, cette nuit-là, un concert, auquel je ne voudrais pas condamner mon plus mortel ennemi.

Tout n'est pas rose, on le voit, dans le métier de voyageur. Et depuis j'ai osé me trouver mal à l'aise dans un wagon de première classe, mollement capitonné, sans moustiques toujours, sans odeur... quelquefois, et parcourant dix lieues à l'heure! Décidément, on l'a dit, l'homme n'est pas parfait!

Cependant nos passagers, noirs et Indiens, étendus au fond du canot, semblaient dormir profondément. Ils sont sans doute habitués à ces misères. On prétend, de plus, que les moustiques se soucient peu de s'attaquer à leur peau épaisse et de se repaître de leur sang appauvri.

La fatigue aidant, le capitaine B... et moi, nous finîmes, pourtant, par nous assoupir aussi.

Quand je me réveillai quelques heures plus tard, le petit jour commençait à poindre. Notre canot immobile était à demi échoué sur la vase. L'équipage noir dormait profondément.

Nous secouâmes un peu ces paresseux, et quelques instants après, nous sortions enfin de l'affreux cloaque où nous avions passé la nuit.

IX

En quittant le Tour-de-l'Ile, on entre dans une large rivière, l'*Oyac*, qui, formée quelques lieues plus haut des eaux de l'*Orapu* et de la *Comté*, alimente le Tour-de-l'Ile, et le *Mahuri*, que nous laissâmes à notre gauche.

Les îlets de *Rémire*, que nous avons aperçus, on se le rappelle, en longeant sur la *Cérès*, les côtes de la Guyane, se trouvent à peu près vis-à-vis l'embouchure de cette dernière rivière.

Les nombreux rochers dont est parsemé le lit du Mahuri en rendent la navigation dangereuse. Aussi, quand plus tard l'Ilet-la-Mère envoyait ses hommes valides aux établissements de la Comté, et ceux-ci, leurs malades à l'Ilet-la-Mère, l'*Oyapock*, qui faisait ces voyages, tenait la mer jusqu'à

Cayenne, et suivait ensuite la route que venait de faire notre pirogue, au lieu de gagner directement l'Oyac et la Comté, en passant par le Mahuri. La navigation de cette rivière, quoique difficile, n'est pourtant pas complétement impossible.

On raconte que lors de je ne sais quelle guerre, un brick français, poursuivi par un vaisseau anglais, se jeta dans le Mahuri, préférant s'y perdre que de se rendre à l'ennemi. L'Anglais ne put l'y suivre, à cause de son fort tirant d'eau.

Profitant des marées et remorquant son navire à l'aide de ses embarcations, le commandant français remonta le Mahuri, traversa le Tour-de-l'Ile et arriva enfin à Cayenne, après une longue et pénible navigation. La ville le reçut avec acclamation. Il s'y ravitailla et put reprendre la mer, abandonné par son ennemi, qui le croyait ensablé pour jamais au milieu des forêts de la Guyane.

J'ai entendu demander quelquefois, depuis mon retour en France, si Cayenne était une île.

Plusieurs vieux livres portent, en effet, pour titre : « *Voyage en l'Isle de Cayenne.* »

Cayenne est la ville, la capitale de la Guyane Française. L'île à laquelle elle a donné son nom n'est pas entourée par la mer de tous côtés ; mais la grande rade ou Rivière de Cayenne, le Mahuri et le Tour-de-l'Ile, qui les unit, séparent réellement cette terre du grand continent méridional.

Les premiers voyageurs qui fondèrent la ville, voyant qu'il fallait toujours traverser l'eau pour aller au Sud, appelèrent ce grand delta *Isle de Cayenne*.

C'est la connaissance de cette disposition hydrographique des côtes de la Guyane, jointe à une résolution énergique, qui sauva l'intrépide commandant français et son navire.

Que ce renseignement soit jamais d'une pareille utilité à quelqu'un de ceux qui liront ces lignes, et je ne regretterai pas le temps que j'ai mis à les écrire [1].

---

[1]. Je ne me porte pas garant pourtant de l'histoire de ce brick, quoiqu'elle soit devenue légendaire à la Guyane. Mais voici quelques lignes tirées de l'excellent travail que M. Carpentier, le commandant de l'*Oyapock*, a publié dans la *Revue Coloniale*, en décembre 1856, sous le titre de « *Voyages et Explorations dans les rivières de la Guyane.* » Elles feront voir que si l'histoire que j'ai contée n'est pas vraie, elle est, du moins, vraisemblable :

« Il me reste à parler, dit le commandant Carpentier, d'un cours d'eau que j'ai indiqué parmi ceux rencontrant la rivière de Cayenne, le *Tour-de-l'Ile*. Ce n'est à proprement parler qu'un canal reliant les deux rivières de Mahuri et de Cayenne. Œuvre de la création, abandonné à lui-même, d'une navigation difficile, par les arbres qui, sur plusieurs points, viennent former voûte au-dessus, ce canal est cependant d'une importance qui, toute grande qu'elle est déjà, ne peut que croître

L'*Oyac*, que remontait notre pirogue, est une belle rivière, qui a bien cent mètres de largeur moyenne, c'est-à-dire trois ou quatre fois celle du *Tour-de-l'Ile*.

Les eaux en sont vives et limpides. La rapidité du courant, l'ombre des arbres séculaires qui couvrent les rives, la brise qui circule constamment dans cette grande artère, y entretiennent, presque constamment, une fraîcheur qui semble délicieuse, quand on sort de la fosse immonde où nous avions passé la nuit.

Mais méfiez-vous de ces brusques changements de température. C'est là le principe de la plupart

---

encore avec la prospérité de la Colonie. Déjà, en janvier 1855, lorsque les passes de la rade de Cayenne furent encombrées par les bancs de vase, que les relations du chef-lieu avec les autres points de la Colonie furent interrompues, un pilote, Odot, auquel j'avais fait connaître cette rivière et celle de Cayenne, y passa un grand bâtiment à vapeur, *le Bisson*, commandé par M. le lieutenant de vaisseau Castagné, pendant que je faisais franchir le *Mahuri* à une goëlette de l'État, que j'avais fait passer la veille par ce même canal. Je pris ensuite *le Bisson* à sa sortie du Tour de l'Ile, et le guidai à travers les nombreuses roches du Mahuri. Aucun pilote du pays ne connaissant cette dernière rivière, si la rade de Cayenne avait continué à être obstruée, je devais faire passer par ces deux voies les autres vapeurs, de la station et les bâtiments du commerce. Ces faits démontrent suffisamment, je crois, combien le Tour de l'Ile mérite d'intérêt. »

des maladies qui rendent si meurtrier le climat de ces pays.

En remontant l'Oyac et après n'avoir vu quelque temps que la forêt qui s'étend de tous côtés, on découvre tout à coup, à sa gauche, sur un plateau élevé, un joli clocher, dont la flèche pointue nous rappelle, non sans émotion, celles de quelques-unes de nos églises de village.

Cinq ou six petites maisons en bois, parmi lesquelles le presbytère, la gendarmerie et le logement du *Commandant-de-quartier*, sont groupées autour de ce clocher. C'est là ce que j'ai vu désigner, dans certaines géographies, sous le nom de *Roura*, ville principale de la Guyane !

Cette ville compte bien cinquante habitants, en y comprenant les quatre gendarmes, leur brigadier, le curé et le commandant du quartier... Une quarantaine de nègres et quelques volailles maigres forment le reste de la population.

Le curé nous offrit un banquet, auquel il convia le préfet et le receveur général en la personne de M. T..., commandant du quartier; le général de division et le procureur général, représentés tous deux par monsieur le brigadier de la gendarmerie.

Il ne fut pas porté de toast, ni prononcé de discours politique, et si une abondance, inconnue à Roura, signala ce festin, qui ne rappelait en rien celui de Balthazar, on le dut aux quelques provisions que nous avions apportées avec nous.

Quelques heures plus tard, nous prenions congé de ces braves gens, et notre équipage, bien restauré, pagayait avec ardeur vers l'établissement que nous avions hâte d'atteindre.

La navigation fut charmante à partir de Roura. Nous voguions sur des eaux d'un bleu limpide, entre deux rideaux d'arbres, dont les branches chargées de feuillage s'inclinaient jusqu'à la surface du fleuve. Un soleil éclatant inondait le paysage de lumière. Mais la chaleur ne nous incommodait pas, notre pirogue naviguant la plupart du temps sous les berceaux de verdure qui bordent les rives de l'Oyac. Au milieu même du fleuve qu'il nous fallait traverser souvent, pour nous mettre à l'abri du courant, la brise rendait la température fort supportable. A notre gauche, s'élevaient des collines boisées, dont les courbes gracieuses rompaient la monotonie du tableau. De temps à autre, nous distinguions de loin comme une éclaircie à travers la masse sombre de la forêt... Le capitaine B. et moi, nous attendions avec curiosité, espérant toujours faire quelque découverte. qui compterait dans nos impressions de voyage. Enfin, la pirogue dépassait les derniers arbres. Un spectacle, fort ordinaire sans doute, mais qui, par le contraste, nous semblait charmant, s'offrait à nos yeux. Au premier plan, le fleuve formait une sorte d'anse. Abritées du courant, ses eaux calmes réfléchissaient quelques touffes énormes d'élégants *bambous*, sous l'ombrage desquels se cachaient deux ou trois petites pirogues. La rive, s'élevant en pente douce, était couverte de longues herbes, de lianes, de jeunes arbustes, dont la verdure plus tendre se détachait sur le fond noir de la forêt. Au centre de cette clairière, à quelque cinquante mètres du fleuve, on apercevait une belle maison. Elle était construite en bois comme toutes celles du pays; mais une longue galerie, courant sur toute la ligne du premier étage, lui donnait un aspect à la fois élégant et confortable. Des *manguiers*, des *sapotilliers*, [1], des palmiers etc, confondant leurs feuilles dissemblables de formes et de nuances en un fouillis harmonieux, l'encadraient d'un bouquet de verdure. Plus loin, des champs de *girofliers*, couvraient les collines, jusqu'au troisième ou quatrième échelon de l'amphithéâtre qui montait

---

[1]. Arbres fruitiers des Tropiques.

vers l'intérieur. Là, recommençait, entourant cette petite oasis, comme l'Océan immense un navire perdu sur sa surface, la forêt ténébreuse et sans fin.

Toutes les fois que nous découvrions une de ces habitations, une légère émotion nous faisait battre le cœur. Il nous semblait toujours que sur la galerie cachée dans la pénombre, allait nous apparaître quelque blanche et élégante silhouette de jeune femme créole. Hélas ! quelque vingt ans plutôt, nous eussions pu avoir cette douce surprise.

Mais aujourd'hui, ces maisons, sont désertes ou gardées seulement par quelques nègres, vieux et infirmes, épaves du passé oubliées là par le temps.

Nous laissâmes ainsi derrière nous les habitations de *Blanchard,* la *Favorite, Favard,* etc., et nous arrivâmes au confluent de l'Orapu et de la Comté.

Les Jésuites y avaient autrefois un établissement florissant, appelé *Régis.*

On sait que les Révérends Pères excellaient dans le choix des lieux où ils plaçaient leurs résidences, et que, peu esclaves d'une morale inhabile, ils savaient y réunir encore tout ce qui rend la vie agréable et attire les habitants. [1].

---

1. Les Jésuites ont joué, dans l'histoire de la Guyane, un rôle important et qui le serait devenu davantage, sans le décret de

Régis était dans une des situations les plus charmantes de la Guyane.

Trois petites îles divisent en cet endroit, au moment où elles s'unissent, les eaux de l'Orapu et de la Comté. Leur sol, imbibé de cette masse liquide et chauffé par un soleil ardent, est couvert de cette végétation riche et variée des Tropiques. Des arbustes de toutes formes, des feuilles de toutes dimensions, des fleurs de toutes couleurs font de ces îles comme de gracieuses corbeilles, que dominent

proscription qui les frappa en 1762. Ils avaient des missions sur toute l'étendue du littoral et sur la plupart des rivières de la Guyane, jusqu'à de grandes profondeurs dans les terres. Il est peu de parties du pays où l'on ne retrouve leurs traces. En 1674, deux Jésuites, les Pères *Grillet* et *Béchamel* firent en pirogue le même voyage que nous décrivons en ce moment. Ils remontèrent l'*Oyac*, puis la *Comté* jusqu'à la rivière des *Nouragues*, (appelée ainsi du nom des Indiens qui en occupaient les bords); franchirent la chaîne de montagnes qui sépare la Comté de l'*Approuague*, dépassèrent les sources de cette dernière rivière, et atteignirent le *Camopi*, affluent du haut-Oyapock, où résidaient les Indiens *Acoquas*. C'est le plus long voyage qu'on ait fait dans l'intérieur de la Guyane, voyage d'autant plus remarquable qu'il eut lieu dans l'enfance de la Colonie. Il n'est pas douteux que si depuis cette époque (près de deux siècles) des explorations avaient été continuées avec le même zèle et le même courage, l'intérieur du pays serait un peu plus connu qu'il ne l'est aujourd'hui.

Les Pères *Grillet* et *Béchamel* moururent peu de temps après leur arrivée à Cayenne, par suite des maladies et des fatigues endurées pendant leur voyage.

les tiges longues et minces d'un joli palmier, le *pinot*, dont l'élégant panache se balance à tous les caprices de la brise.

Régis a vécu, comme toutes les propriétés de l'Oyac et de la Comté. Aucune ruine n'indique même le lieu où s'élevait jadis l'établissement, et le tombeau d'un Père, enfoui sous la riante végétation d'une des îles, est le seul souvenir qui en reste.

A partir de Régis, nous ne devions plus rencontrer que quelques misérables cases, habitées par des nègres, qui y végètent, visités périodiquement par les fièvres, et rongés par une sorte de lèpre, qu'on appelle *pian rouge* dans le pays.

Les nègres ont une grande propension à retourner à l'état sauvage. Mais s'ils s'éloignent de la ville ou des bourgs, ce n'est pas pour jouir d'une liberté sans contrôle, avoir autour d'eux l'espace sans limites, chasser dans ces grands bois, pêcher dans ces grands fleuves. Non, ils ne veulent qu'une chose : rester immobiles sur quelque coin de terre, où ils puissent vivre demi-nus (Je dis demi, pour rester dans les bornes de la décence), et se livrer à leurs habitudes de paresse, dussent-ils mourir de maladie et de misère.

Aussi la population, malgré l'espèce de mormonisme où vivent ces parasites, va-t-elle toujours diminuant. En 1857, au moment où je quittai le pays, la Guyane, que la France possède depuis 1604, ne comptait, malgré son immense territoire, que 25,561 habitants, en y comprenant tous les employés du gouvernement, la garnison et un effectif de 4,121 transportés. Cependant à quelques lieues à l'ouest, une autre Guyane, dont les Anglais se sont emparés en 1803 seulement, et qu'ils ne possèdent définitivement que depuis 1814, comptait, la même année, plus de 100,000 habitants. De 1848 à 1857, période pendant laquelle l'immgration a été pourtant en décroissant, les Angla y ont transporté 31,013 travailleurs ; c'est-à-dir une population qui dépasse de 5,000 âmes celle de notre Guyane tout entière.

Il y a quelques années, un Gouverneur, l'amiral B..., rendit à Cayenne un arrêté ayant pour but d'exiger de tout individu établi sur un terrain des titres de propriété ou de concession. Il voulait forcer ainsi toute la population improductive et disséminée dans les forêts à quitter ces solitudes et la ramener dans l'île de Cayenne ou sur les quelques propriétés en rapport qui existent à la Guyane. Cette population eût trouvé encore un lucratif emploi dans les *placers* de l'*Arataye*, qu'on venait de découvrir. On l'eût tirée ainsi de l'état de dégradation physique et morale où elle croupit.

Le Gouverneur qui remplaça l'amiral B..., n'eut rien de plus pressé que de rapporter cet arrêté. C'est assez la coutume, dans les affaires coloniales, que chaque gouverneur trouve mauvais et détruise ainsi ce qu'a fait son prédécesseur. Cet esprit de suite suffirait pour expliquer les progrès que font nos Colonies et la réputation de *colonisateur* dont nous jouissons à l'étranger....

— Cependant l'aspect de ces grands espaces sans population, le souvenir de ces habitations autrefois florissantes aujourd'hui abandonnées, que nous venions de voir, nous inspiraient déjà au capitaine B..- et à moi, des réflexions peu favorables à ce pays.

Si le sol avait été fertile et le climat supportable, pensions-nous, les habitants auraient dû rechercher ce quartier, duquel on communique toujours aisément avec le chef-lieu, et l'on n'aurait pas, malgré le malheur des temps, délaissé si facilement des travaux déjà faits et des terres en plein rapport.

Nous nous étonnions donc qu'on eût pris le parti de jeter ainsi l'œuvre de la transportation au milieu de grandes forêts, et dans une partie du pays qu'avaient désertée ceux qui l'avaient précédemment habitée. (J'ignorais alors que le quartier de *Roura*, qui comprend les bassins de l'Oyac, de la Comté et de l'Orapu et comptait 1,739 habitants en 1857, est encore le plus peuplé de la Guyane.)

Malgré la fraîcheur du paysage, la beauté de ces grands arbres toujours verts, la variété des aspects qu'offre cette rivière aux contours sinueux, déjà cette solitude immense, ce silence absolu avaient fini par nous jeter dans une sorte de tristesse, et les sinistres présages que nous avions entendus à Cayenne nous revenaient sans cesse à l'esprit.

Nous fûmes heureusement arrachés à ces pensées par les exclamations d'un de nos nègres.

Cariacou! cariacou! criait-il, en nous désignant du geste un endroit de la rivière.

Le capitaine B.. et moi, nous regardions de tous nos yeux, sans rien apercevoir. Les nègres, pagayant avec fureur dans la direction indiquée, répétaient :

— Cariacou! cariacou!

Je vis enfin un point mobile qui, se déplaçant perpendiculairement au courant, laissait un double sillon derrière lui.

Le canot gagnait du terrain. Bientôt se montrèrent deux petites oreilles droites, qui dépassaient la surface de l'eau.

Je pris mon fusil et j'ajustai.

— *Pas tiré, i ké coulé,* (ne tirez pas, il coulerait), me dit le patron en me touchant le bras.

— Quel animal est-ce? lui demandai-je, profitant du répit.

— *A oun biche* (c'est une biche), répondit-il.

— Mais en m'empêchant de tirer, tu lui donnes le temps de s'échapper.

— *Hon! hon! ou ké tiré li, quand i ké monté assou dégrad* (non! non, vous la tirerez quand elle montera sur la berge).

En ce moment l'animal prenait pied. Je lui lâchai mes deux coups de fusil.

Au même instant, le canot reçut une forte secousse. C'était un des Indiens qui plongeait dans la direction du *dégrad*.

Quand nous y arrivâmes, il tenait sous son genou l'animal mortellement blessé. Il l'avait rejoint à quelques pas dans la forêt. C'était une de ces petites biches de couleur fauve, avec des taches blanches sur le dos, que les Indiens appellent *cariacou*.

Elle avait des jambes grêles, une tête fine et de grands yeux si doux que, n'ayant pas à mon service, faute de pratique, la cruauté habituelle aux chasseurs de profession, je regrettai presque d'avoir privé le bois d'un hôte aussi charmant.

Quant à mes *pagayeurs*, ils étaient dans l'ivresse Ce furent des chants sans fin pour célébrer mon adresse.

Nous vîmes d'autres animaux traversant le fleuve, mais très-loin de notre pirogue. Je n'eus donc pas l'occasion de compromettre ma gloire par quelque coup moins heureux.

Enfin le soir, vers cinq heures, nous apercevions, sur la rive droite, les ruines d'une grande habitation, qu'on nous dit s'appeler *Power*, du nom d'un ancien propriétaire.

Une heure plus tard nous abordions au but de notre voyage, à l'établissement de *Cacao* de la Comté.

X

Il y avait à cette époque sur l'établissement de *Cacao* une trentaine de soldats, deux transportés et quelques nègres qu'on avait recrutés dans la Comté.

Nous pensions que l'arrivée de notre canot allait les faire accourir tous au rivage. Quel ne fut pas notre étonnement de n'y trouver qu'une dizaine de personnes! Parmi elles était le chirurgien de l'établissement, le seul officier qui fût resté à son poste. Il avait la tête enveloppée de compresses imbibées d'eau sédative, la figure gonflée, le teint blême, la contenance abattue.

Le docteur V... avait cependant longtemps habité le Sénégal. On l'avait même envoyé à la Comté de préférence à ses collègues, parce qu'on pensait qu'il serait plus réfractaire à l'influence des fièvres.

— Eh bien! docteur, lui dit le capitaine B..., il paraît que cela ne va pas bien?

— C'est-à-dire que ça va mal, très-mal! répondit-il. C'est un chien de pays; je l'ai dit dès le premier jour.

— Bah! cela peut changer, et le pays s'assainir, quand on aura défriché un espace suffisant, fit observer le capitaine.

— C'est ce que disait le capitaine K..., votre prédécesseur, qui a proposé, — que Dieu lui pardonne! — au choix du gouverneur, la Comté, comme la localité la plus favorable pour établir la transportation en terre-ferme. Mais, voyez-vous, Commandant, (c'était le titre qu'on donnait, quel que fût leur grade, à ceux qui commandaient les pénitenciers,) la fièvre ne nous vient pas seulement de la terre que foulent nos pieds, de l'air qui nous entoure, de l'eau que nous buvons ; la brise nous l'apporte encore des marais de *Kaw*, situés à dix lieues d'ici. Quand elle souffle de ce côté, comme aujourd'hui, voyez que de monde sur les hamacs ! Mais qu'il vente du Nord, du Sud, de l'Est ou de l'Ouest, ce sera la fièvre et toujours la fièvre.

Il était sorti de son abattement, pour prononcer cette sorte de réquisitoire contre le pays.

— Allons, mon cher docteur, calmez-vous ! le malade influence, je le vois, le médecin, dit le capitaine B...

Le docteur secoua la tête, comme un homme qui ne tient pas à avoir le dernier mot, mais ne s'en croit pas moins certain de ce qu'il avance.

En causant ainsi, nous gravissions un sentier à pente roide, creusé dans la berge, très-escarpée en cet endroit, et nous arrivions au niveau de l'établissement.

Le terrain sur lequel devait se fonder la colonie pénitentiaire est un vaste plateau qui domine le fleuve d'une quinzaine de mètres, et va s'abaissant vers l'intérieur. Deux *criques* (petits torrents) qui se jettent dans la Comté entourent ce plateau de leurs méandres. Pendant la saison sèche, la crique qui est en amont n'est qu'un simple fossé ; celle qui est en aval, plus large et plus profonde, court sous un berceau d'éternelle verdure, et roule toute l'année des eaux vives et glacées. A quelque distance de son embouchure, ce ruisseau fait un coude et contourne le pied d'une colline boisée, que nous apercevions à notre gauche, dominant la partie du terrain déjà défrichée.

Cinq ou six cabanes, jetées là sans symétrie, et toutes très-rapprochées de la berge, s'élevaient en avant d'une vaste clairière au milieu des arbres abattus. Le docteur nous conduisit dans l'une de ces cabanes, qui servait de logement au *commandant*.

C'était une case en fer, assez basse et couverte en zinc. Au centre de la toiture, on avait ménagé, pour aérer l'intérieur, une sorte de ventouse, comme on en peut voir aujourd'hui aux pavillons de nos halles centrales. Malgré cette précaution, cette case devait être, grâce à son peu d'élévation et à la grande conductibilité des métaux dont se composait sa charpente, une véritable fournaise, quand elle était chauffée pendant quelques heures par le soleil des Tropiques. On en avait envoyé de France, sur ce modèle plusieurs centaines, qui avaient coûté assez cher de fabrication et de transport. Ce genre de constructions était le résultat d'un système de *pénitencier* dit *mobile*, imaginé par l'amiral B..., alors gouverneur de la Guyane. Dans un pays où le bois est aussi abondant, où l'on élève si facilement des *carbets*, à la façon de l'Indien, où le premier besoin est de se mettre à l'abri de la chaleur, l'idée de ces pénitenciers tout en fer et en zinc était assez singulière.

Le logement que je devais occuper était aussi une case en fer, grossièrement close, au moyen de lattes entrelacées. Le sol, composé de l'argile, à laquelle on était arrivé en enlevant une légère couche de terre végétale, était tellement humide qu'une planche qu'on avait placée au milieu de la chambre faisait entendre un clapotement, dès qu'on y posait le pied. Une moitié de cette case, qui avait huit mètres de long, servait de salle à manger; l'autre partie était ma chambre à coucher.

Comme la nuit était venue, un soldat, Vatel improvisé, nous servit le dîner. Notre voyage en pirogue nous avait aiguisé l'appétit : nous ne fûmes donc pas difficiles sur le menu, quoiqu'il laissât, je m'en souviens, quelque peu à désirer. Le docteur seul ne mangeait pas; nous lui en fîmes l'observation.

— Le jour de fièvre, nous dit-il, voici la seule nourriture permise.

Il tira de sa poche un petit cornet de poudre blanche, s'en versa rapidement le contenu au fond de la gorge, et but un verre d'eau, en faisant une assez laide grimace.

— Quelle infernale drogue avalez-vous là? lui demandai-je.

— La quinine, le pain de la Comté! me répondit-il avec une gravité comique.

— Allons, docteur, vous calomniez ce pauvre pays. Il ne nous a pas semblé, pendant notre voyage, si noir que vous voulez bien le peindre.

— Patience! patience! répliqua-t-il; il n'y a que deux mois que je suis ici. Dans deux mois, vous penserez, comme moi, qu'il vaudrait mieux souvent voir l'établissement manquer de pain que de quinine.

Après le dîner, nous engageâmes le docteur à aller prendre un repos dont nous avions nous-mêmes grand besoin, et chacun se retira dans ses... appartements.

A peine couché, je m'endormis profondément.

Vers le milieu de la nuit, je fus réveillé en sursaut par les mouvements brusques de la moustiquaire qui enveloppait mon lit. Ma première pensée fut que c'était le vent qui la secouait ainsi. J'écartai la gaze pour m'en assurer. L'air était parfaitement calme,

J'attendis quelques instants, appuyé sur le coude, le cou tendu, le cœur battant un peu, comme cela arrive, quand on est à moitié endormi, et encore sous l'empire d'un cauchemar. Chacun peut se rappeler qu'on n'est pas précisément fier en pareille occurence. Je pouvais, d'ailleurs, au milieu de ces bois, avoir affaire à quelque bête, et rien n'inquiète plus que la crainte de l'inconnu dans l'obscurité profonde de la nuit.

Au bout d'un instant de tranquillité, la moustiquaire fut agitée de nouveau... J'allumai ma bougie, non sans peine, à cause de l'extrême humidité qui avait transformé les allumettes en pâte insecticide. Une perquisition à travers la chambre ne me donna aucun résultat. Décidément, j'étais le jouet d'un mauvais rêve... Je me recouchai et soufflai la bougie.

A peine fut-elle éteinte qu'il me sembla, cette fois, qu'une main inconnue lançait contre mes légers rideaux certains objets, que j'entendais produire un bruit mat en tombant sur le sol. Me reportant aux histoires de mon enfance, je me demandais si ce n'était pas quelque malin singe qui s'amusait ainsi à mes dépens. La bougie fut rallumée.

Je regardai sous tous les meubles, sur le plancher, à la toiture : rien ! Enfin, de guerre lasse, et méprisant un ennemi qui n'osait se montrer, je me mis bravement la tête sous la couverture, et ne tardai pas à m'assoupir de nouveau.

Pendant que la *bête*, comme l'appelait Xavier de Maistre, dort tant bien que mal, *l'autre* va placer ici quelques réflexions à l'usage de ceux qui voyagent en lointains pays.

Un proverbe, déjà cité, dit : « Comme on fait son lit on se couche. « Rien de plus juste. Les proverbes ne sont-ils pas la sagesse des nations? Mais le lit ne se fait pas de même chez les Samoyèdes, dans la Cafrerie, ou au milieu des bois de la Guyane. Celui qui tient à être bien couché dans ces différents pays devra donc s'informer, au préalable, de la façon dont s'y prennent ceux qui les habitent. C'est ce que nous avions négligé de faire.

Nos prédécesseurs avaient transporté dans ces forêts humides leurs lits d'Europe. Nous nous étions contentés d'en faire changer les draps. Je ne sais comment s'en trouvèrent les autres. Pour moi, débarrassé de la couverture de laine qui garnissait le lit, je me sentais pénétré par l'air humide de la nuit ; sous cette couverture, au contraire, la chaleur aidant, j'étais comme plongé dans un bain de vapeur ; les draps mouillés se collaient à ma peau, et j'éprouvais, à moitié endormi, la sensation la plus désagréable du monde.

C'est que le vrai lit, dans les bois, c'est le hamac. L'Indien tend le sien entre deux arbres, le couvre de quelques branches, allume auprès un grand feu, pour chasser le brouillard et les animaux nuisibles, et dort là, un peu mieux que moi sur mon sommier, breveté, *s. g. d. g.*, la première nuit que je passai dans les bois de la Comté.

Dans la suite, et jusqu'au jour où nous fumes plus confortablement installés, je fis comme l'Indien, quant au hamac et au feu... Bien s'en trouveront, je crois, ceux qui, dans des circonstances semblables, suivront mon exemple.

Le lendemain de cette nuit agitée, à cinq heures du matin, j'entendis vaguement sonner la *Diane*. J'avais projeté de me lever, chaque jour, en même temps que les travailleurs; mais, en dépit de tous les efforts de ma volonté, je m'assoupis de nouveau.

Le soleil était déjà haut sur l'horizon, quand je parvins à me réveiller tout à fait. J'éprouvais un sentiment d'accablement général, et de pesanteur dans tous les membres. C'est à grand'peine que je jetai les draps loin de moi et que je mis un pied hors du lit... Quel ne fut pas mon étonnement de le voir inondé de sang !

7.

Le docteur, qui entrait en ce moment, sans frapper, par la bonnne raison qu'il y avait à mon gîte des ouvertures, mais pas de portes, me tira d'inquiétude :

— Ah! ah! me dit-il, vous avez entr'ouvert votre moustiquaire cette nuit, et vous avez été sucé par les vampires?

— Comment dites-vous, docteur? par les vampires?...

— Oui, les vampires... Pas ceux, bien entendu, dont Nodier aimait tant les histoires... Le vampire n'est ici qu'une petite chauve-souris. Lorsque cette vilaine bête trouve à découvert une partie du corps, surtout le pied ou la main, — ses morceaux de prédilection, — elle la magnétise, dit-on, par un frémissement rapide de ses ailes, coupe délicatement la peau avec ses longues incisives, et suce le sang à l'aide d'une petite trompe, dont la nature..., toujours prévoyante..., a eu soin de lui orner le bout du museau.

Voyons où la saignée a été pratiquée.

Il la reconnut à une petite tache de sang coagulé. C'était à la cheville du pied gauche. La coupure était si fine et si nette que la plaie était déjà cicatrisée.

— Il faudra, me dit le docteur V..., avoir soin de bien faire border, ce soir, votre moustiquaire tout autour du lit. Le vampire reviendra, n'en doutez pas, la nuit prochaine, et reviendrait, si vous le laissiez faire, tant que vous auriez une goutte de sang à lui donner.

Pendant que je m'habillais, le docteur continua à me donner quelques renseignements sur les vampires.

— On a vu, me dit-il, des animaux, dans les étables, être sucés ainsi jusqu'à ce que mort s'ensuivît. Les vampires s'attaquent de préférence à ceux qui ont la robe d'une couleur claire, sans doute parce qu'ils les distinguent plus facilement dans l'obscurité. C'est probablement à cette raison, et non à toute autre dont nous pourrions tirer vanité, que nous devons nous-même l'honneur qu'ils nous font de nous préférer aux nègres. Ceux-ci, se livrant à de rudes travaux et marchant toujours nu-pieds, sont munis, d'ailleurs, de gants et de souliers naturels, qui rebuteraient la dent la plus vorace.

La chauve-souris vampire ne se repaît pas du sang de l'homme et des quadrupèdes, seulement. Les oiseaux sont aussi ses victimes.

A notre arrivée à la Comté, les poules que nous avions apportées de Cayenne étaient atteintes toutes d'un mal étrange. Elles mangeaient fort bien : ce qui est le signe de la santé chez les animaux. Cependant, au bout de quelques jours, on les voyait maigrir insensiblement, chanceler sur leurs pattes et mourir... Tout médecin que je suis, comme il s'agissait ici de gallinacées, j'osais avouer mon ignorance.

Un de nos nègres, qui n'avait pas suivi, lui, les cours de la Faculté, nous dit, un jour : « *Ah! vampi ká sucé yo* — (c'est le vampire qui les suce). Le soir même, nous prîmes le parti de faire envelopper notre poulailler d'une vieille moustiquaire. Depuis, notre volaille se porte à merveille... Ce qui prouve que si, d'après Broussais, la saignée est une bonne chose, il n'en faut cependant pas abuser, ajouta-t-il en riant.

Sur cette plaisanterie de savant, le docteur V... me quitta pour aller visiter ses malades.

Je m'expliquais enfin les oscillations brusques de ma moustiquaire, qu'une simple ficelle suspendait à un des chevrons de la toiture. C'étaient des vampires qui venaient la heurter dans leur vol, cherchant, sans doute, comme l'ogre du *Petit-Poucet*, à arriver jusqu'à la chair fraîche. Quand le choc avait été trop rude, la chauve-souris, effrayée, se pelotonnait en boule et se laissait tomber sur le sol. — C'est un manége qu'ont pu remarquer tous ceux qui ont observé ces petits nocturnes.— Tandis que j'allumais ma bougie, la bête avait le temps de reprendre son vol, ou de se traîner dans quelque trou.

Ces phénomènes, d'abord inexpliqués, ces alternatives de froid et de chaleur, cette saignée contre toutes les règles de l'art; tout cela, au milieu de ce cadre étrange, si nouveau pour moi, fit de cette première nuit, passée dans les bois de la Comté, une des plus fantastiques de mon existence.

XI

L'*attentat* dont j'avais été victime ne m'empêcha pas de remplir, dès le premier jour, les devoirs de ma nouvelle situation.

Nous visitâmes d'abord, le capitaine B... et moi, l'établissement dans tous ses détails. Il se composait de sept cases en fer. Les deux premières, vers la rivière, étaient occupées par le commandant et le docteur V...; sur la même ligne, la troisième, plus rapprochée de la grande *crique*, était celle où j'avais si mal passé la nuit. Les travailleurs noirs et blancs, habitaient les quatre autres, situées plus en arrière, vers la forêt.

Sur les bords de la petite crique, s'élevait une grande baraque en bois, de vingt mètres de long sur sept de large. C'était le magasin pour les vivres et les outils, et le logement du *magasinier*. A côté, on avait construit un four de campagne, où se faisait, chaque jour, le pain nécessaire à l'établissement.

Nous parcourûmes ensuite les différents chantiers. Ils n'étaient pas en bien grand nombre. Le défrichement du terrain et la construction des baraques en bois, destinées à recevoir bientôt les transportés, étaient les seules occupations du moment.

Les hommes travaillaient en plein air, au milieu des arbres abattus. La plupart avaient le teint pâli par la fièvre, qui en retenait plusieurs, la veille encore, étendus sur leurs hamacs. C'étaient presque tous des charpentiers, choisis parmi les soldats d'infanterie, ou les ouvriers d'artillerie en garnison à Cayenne. Les plus intelligents, sous la direction d'un caporal, étaient employés, avec quelques nègres, à choisir les bois propres à la construction ; d'autres les débitaient et les équarrissaient, tandis que les contre-maîtres traçaient la besogne aux plus habiles, qui taillaient les tenons et les mortaises ou assemblaient les pièces.

Plus loin, des ouvriers blancs et des nègres, assis à cheval sur de petits bancs, *dolaient* des *bardeaux*[1] et préparaient des *lattes* qu'on recevait de Cayenne, ou que des noirs de la Rivière apportaient en petite quantité à l'établissement. Il avait été facile, grâce à quelques affranchis, vivant encore sur les anciennes habitations, de mettre nos hommes au courant de ces petites industries, qui suffisent pour les constructions légères de ce pays.

Le reste des soldats abattait la forêt à trois cents mètres environ de nos cabanes.

Un terrain de cent mètres de front sur cinquante de profondeur avait seul été parfaitement déblayé,

---

1. Les *bardeaux* sont de petites planchettes en bois dur qui remplacent, à la Guyane, la tuile et l'ardoise. Après l'avoir dépouillé de son aubier, on débite un tronc d'arbre en billes d'une longueur égale à celle que l'on veut donner aux bardeaux. On divise ensuite chaque bille en tranches qui vont du centre à la circonférence, et l'on a le bardeau brut, tel qu'il se vend dans le commerce. Le *dolage* est une opération qui consiste à raboter, à l'aide d'un couteau à double poignée, la *doloire*, le bardeau, afin de le rendre lisse et plus léger.

Les *lattes*, qui se clouent sur les chevrons et auxquelles on accroche les bardeaux, se font à la Guyane avec le tronc flexible d'un joli palmier, le *pinot*, dont nous avons déjà parlé.

et nivelé grossièrement. Aussi, quand nous voulûmes, sans suivre le petit sentier qu'ils avaient tracé le long de la grande crique, rejoindre nos bûcherons, nous nous trouvâmes engagés dans un tel amas d'arbres étendus sur le sol et non dépouillés de leurs branches, de troncs où en poussaient de nouvelles, de lianes qui entrelaçaient le tout, que nous dûmes renoncer bientôt à cette gymnastique par trop fatigante.

Cette tentative infructueuse eut pourtant un résultat utile. Elle attira notre attention sur les vices du mode de défrichement employé jusque-là sur l'établissement.

Quand les nègres ou les Indiens veulent déblayer un terrain, ils cherchent dans le feu un auxiliaire indispensable. Dès qu'ils ont abattu un certain nombre d'arbres, ils réunissent, autour des troncs encore debout, tout le bois qu'ils ont coupé, et ils y portent la flamme. Ils savent, en effet, que, dans ce pays d'ardente végétation, les branches repoussent si vite, les lianes et les parasites se développent si rapidement, dès qu'un rayon de soleil frappe le sol, qu'ils auraient bientôt à faire, s'ils ne tuaient la séve par le feu, un second travail, beaucoup plus pénible que le premier.

C'est ce qui nous arriva à *Cacao*, où l'on avait

fait des abatis trop considérables, sans prendre les précautions que je viens d'indiquer.

Nous ordonnâmes de cesser ces coupes, qui plaisaient à l'œil, en faisant voir le terrain qu'on gagnait chaque jour sur la forêt, mais pouvaient créer des obstacles sérieux pour l'avenir.

Nos manœuvres ne furent plus employés dès lors qu'à déblayer ce qu'on avait abattu, à brûler les troncs, à *déchicoter* les racines.

On appelle, dans le pays : *Abatis à la Caraïbe*, ce mode de défrichement. C'était celui qu'employaient les Indiens-Caraïbes, qui habitaient les Antilles, quand les premiers Européens y abordèrent.

Tandis que nous examinions le travail de nos bûcherons, ils nous firent voir des morceaux de poterie et quelques débris des ustensiles un peu primitifs dont les nègres et les Indiens se servent pour leur cuisine. Ils les avaient trouvés enfouis dans le sol. Le terrain sur lequel nous nous installions avait donc été précédemment habité. Ce fut là pendant plusieurs jours un sujet de dissertation.

Ceux qui avaient l'imagination vive soutenaient que nous étions les successeurs immédiats de quelque tribu d'*Arouas* ou de *Nouragues*. Il nous fallut rabattre un peu de ces rêves poétiques. Informations prises, nous sûmes que l'ancien propriétaire de l'habitation, dont dépendait ce plateau, y avait installé autrefois une sorte d'hôpital pour ceux de ses esclaves qui avaient le *pian-rouge*. C'étaient ces malheureux lépreux qui avaient occupé la place avant nous.

Cette découverte me rappela une aventure assez pénible qui m'était arrivée, à peine débarqué à Cayenne... Obligé de chercher un gîte, le hasard m'avait conduit chez un nommé X..., qui louait des appartements garnis. Il y avait déjà quelques jours que je logeais chez cet homme, quand je l'aperçus pour la première fois... L'aspect de sa tête énorme et de son visage ravagé me causa une singulière impression. Le soir, j'en parlai à la table des officiers. Un de nos camarades, qui était dans la Colonie depuis quelque temps, nous conta l'histoire de X... Il avait été soldat au régiment. Son congé terminé, il résolut de se fixer à Cayenne et y monta un atelier de menuiserie... Comme les bons ouvriers sont rares dans le pays, son industrie prospéra. Il se maria alors à une jeune et jolie mulâtresse de l'endroit.

Tout semblait leur sourire. Ils avaient deux beaux enfants, et les partisans de « la fusion des races » citaient déjà leur bonheur à l'appui de leur thèse favorite, quand la troisième année après leur mariage, le *pian* se déclara chez madame X..... X... adorait sa femme. En dépit de tous les conseils, en dépit des ravages affreux exercés par la maladie, il ne voulut pas se séparer d'elle. Un an après, elle mourait. — X... était lépreux.

Xavier de Maistre, dans sa touchante histoire du *Lépreux de la cité d'Aoste,* me donnait un généreux exemple à suivre. Je n'y songeai même pas. Dès que je sus à quoi attribuer l'aspect bizarre de mon propriétaire, je n'eus plus qu'une pensée : faire mes malles, et fuir, au plus vite, pareil voisinage. La crainte de blesser un malheureux et de nuire à ses intérêts m'arrêta cependant, et, malgré un dégoût extrême, je gardai mon logement, jusqu'au moment où j'eus trouvé un prétexte quelconque pour en changer.

La veille du jour où je quittai cette maison, j'étais à ma fenêtre, quand je vis X... sortir de chez lui. Deux charmantes petites filles, — c'étaient les siennes, — jouaient sur le seuil. Le père s'arrêta, leur jeta un regard plein de tendresse et d'anxiété, contempla ses pauvres mains, gonflées et noircies par la maladie, les leva vers le ciel avec un geste de désespoir, et s'éloigna à pas précipités...

C'est qu'on dit à Cayenne. — X.. ne l'ignorait

pas,—que les enfants héritent presque fatalement de cette affreuse maladie. Seulement, elle épargne quelquefois une génération pour reparaître à la suivante, et souvent ne se déclare, comme chez madame X..., qu'après la première jeunesse. Rarement, elle se communique par le simple contact. Mais une longue cohabitation avec une personne qui en est atteinte peut, on le voit, l'engendrer chez l'homme le plus sain.

Ce singulier et hideux mal se manifeste généralement par un gonflement excessif des extrémités : des pieds, qu'elle déforme complétement ; on l'appelle alors *éléphantiasis* ; de la face, qu'elle rend terrible ; dans ce dernier cas, on la nomme lèpre *léonine*. C'est celle dont était atteint, à la première période, le malheureux X... La tête prend, au bout de quelque temps, un volume effrayant. Les yeux s'enfoncent sous les paupières gonflées. Tous les poils se hérissent comme ceux d'un lion. Puis la peau, extraordinairement distendue, se crevasse. Les chairs se putréfient, et le malheureux que ronge le *pian*[1] assiste vivant à sa propre décomposition.

---

1. Les nègres appellent *pian* à la Guyane un petit animal vorace, qui ronge à moitié les poules qu'il a égorgées. Ils ont baptisé du même nom le mal qui les ronge eux mêmes.

On dit encore à Cayenne qu'il n'existe pas de remède contre le pian. Chez les sujets qui en sont atteints, il y a un petit ulcère vivant qui résiste à tous les soins. Les nègres l'appellent la *maman-pian* (la mère des pians). C'est comme une étincelle qui, à un moment donné, ranime l'incendie, et dévore tout.

Les nègres et les mulâtres, qui forment la partie la plus misérable de la population, et ont moins que les *blancs* de soin de leur personne sont presqu'exclusivement les victimes de ce fléau.

On prend, d'ailleurs, à la Guyane, peu de précautions contre les lépreux. Il n'y a que ceux qui manquent de tous moyens d'existence, ou qui sont devenus pour le public un objet d'horreur qu'on interne aujourd'hui dans un établissement, situé à une cinquantaine de lieues à l'Ouest de Cayenne. On l'appelle l'*Accarouanie*, du nom d'une crique, auprès de laquelle il est situé et qui le sépare du village de *Mana*.

Jusqu'en 1835, les lépreux étaient relégués aux *Iles-du-Salut*, sous la surveillance d'un gardien noir. Emue de l'abandon dans lequel étaient laissés ces malheureux, madame *Javouhey*, fondatrice de la Congrégation des sœurs de *Saint-Joseph-de-Cluny*, proposa au Gouvernement de créer pour eux l'établissement de l'*Accarouanie*, non loin de celui que l'Ordre possédait déjà à Mana. Depuis cette époque, quatre de nos compatriotes, quatre sœurs de *Saint-Joseph*, vivent à *Mana*, au milieu de ces misérables, pansant leurs dégoûtantes infirmités, les instruisant, les consolant, les dirigeant dans leurs petits travaux. O sainte charité!...

Sur les anciennes habitations, les propriétaires avaient quelquefois soin, comme M. *Power*, de séparer de leurs autres esclaves les nègres atteints du *pian*. Cette mesure de prudence, n'eût-elle pas été commandée par l'humanité, était suffisamment motivée par l'intérêt qu'avaient les *maîtres* à préserver de la contagion leurs esclaves bien portants et à n'avoir d'eux que des enfants sains et parfaitement constitués.

XII

Quand l'établissement pénitentiaire eut pris un plus vaste développement, les détails du service absorbaient tous nos moments... Mais dans les premiers temps de notre séjour à la Comté, nous avions tous d'assez grands loisirs; nous en profitions pour parcourir et étudier le pays. Souvent, le docteur V... et moi, nous faisions d'assez longues excursions dans le grand-bois, mais sans oser toutefois nous éloigner beaucoup du camp.

Tout le monde, à la Guyane, était encore sous l'impression d'un événement fait pour nous conseiller la prudence.

Quelque temps auparavant, un M. R... qui possédait à quelques lieues de Cayenne une petite habitation, où il vivait seul avec une vieille négresse, était sorti un matin le fusil sur l'épaule, et n'avait plus reparu.

Le soir venu, la négresse fut dans de mortelles angoisses; mais, vieille et presque infirme, elle ne put que se désoler et remplir l'air de cris inutiles.

Ce ne fut que plusieurs jours après que quelques nègres passèrent par là, dont elle implora le secours. On se livra à d'actives recherches. Elles furent d'abord sans résultat. Enfin, près d'une *digue* de quelques centaines de mètres, sorte de chaussée, qui aboutissait à l'habitation, on trouva un cadavre étendu dans le fossé... C'était celui de M. R... S'étant sans doute laissé entraîner par le plaisir de la chasse, il s'était égaré dans ces forêts, où nulle trace n'indique la direction à suivre. Ses munitions avaient dû être épuisées en signaux de détresse ; car sa poire à poudre était vide, et son fusil, retrouvé bien loin du cadavre, était déchargé.

Le hasard avait pourtant remis, au dernier moment, le malheureux sur sa route ; mais il était trop tard : déjà la vie l'abandonnait ! Il s'était traîné jusqu'en vue de sa maison. Quelques pas encore, il était sauvé !... Les forces lui avaient manqué pour gravir la digue. Après une tentative suprême, qu'indiquaient quelques poignées d'herbes arrachées, et la trace de ses ongles imprimée dans la terre glaise du talus, il s'était couché dans le fossé, et, comme Moïse, il était mort en vue de la terre promise !

Le souvenir de cette catastrophe refroidissait quelque peu, je l'avoue, notre goût pour les explorations dans l'intérieur du pays.

Les promenades sur l'eau offrant moins de danger, nous les faisions plus volontiers.

Dans ces excursions en pirogue, nous allâmes voir d'abord les ruines des habitations, qui existaient jadis dans la *Comté*. Notre première visite fut pour l'ancien domaine de *Power*, sur les terres duquel nous étions installés : à tout seigneur, tout honneur !

Nous avons aperçu, si l'on s'en souvient, les ruines de cette habitation, sur la rive droite de la rivière, à une lieue environ avant d'arriver à *Cacao*.

Il y avait là autrefois de vastes champs cultivés, de nombreux esclaves, une famille de *maîtres* investie d'un pouvoir seigneurial.

Quand nous visitâmes pour la première fois ces ruines, on voyait encore, en abordant au *dégrad*, un grand hangar, et sous ce hangar une machine à vapeur, qui faisait tourner le moulin à *cannes*.

Tout était en place comme dans le palais de la *Belle-au-Bois-dormant*. On eût dit que le nègres, se réveillant, allaient arriver tout à l'heure pour le travail.

La vue de cette belle machine, gisant là sur les bords du fleuve, nous étonna fort. J'ai su depuis qu'en 1840, la Colonie en comptait vingt-cinq ou trente en mouvement. La plupart ont, sans doute, été abandonnées comme celle de *Power* [1].

La *sucrerie*, où l'on faisait évaporer le *vesou* [2],

---

1. En 1840, les exportations de la Guyane s'élevaient à plus de quatre millions de francs, chiffre bien modeste encore pour un aussi vaste pays. En 1857, quand nous avons quitté la Colonie, ce chiffre était tombé au dessous d'un million. La même année, les exportations de la Guyane Anglaise dépassaient *trente-trois* millions de francs.

2. Le *vesou* est le jus du roseau, qu'on appelle canne à sucre.

et les magasins, où les barriques de sucre s'égouttaient sur les *limandes*, étaient situés au pied d'une jolie colline, à une centaine de mètres environ du moulin. On en distinguait encore les fondations. Quelques poteaux des *cases-à-bagasse* et une grande cheminée d'usine restaient seuls debout.

En cet endroit, de belles *batteries* en fonte disparaissaient, à moitié enfouies dans le sol. Plus

---

La *bagasse* est le résidu fibreux que laisse la canne, après avoir été broyée par le moulin. On s'en sert comme combustible

Quand on a débarrassé le vesou de ses acides végétaux au moyen de la chaux, et de l'eau en excès par l'évaporation, on obtient le *sucre brut*. On le laisse refroidir et cristalliser dans de grands bacs; on le met ensuite dans les barriques. Ces barriques s'égouttent sur un *bâtis* en charpente qu'on appelle la *limande*; le sirop est recueilli dans des fosses en pierre, et sert en partie à faire une boisson, la *grappe*, pour les animaux.

Le sucre brut doit être ensuite raffiné pour produire les pains blancs qu'on vend chez nos épiciers. Cette opération se fait en France. Il était encore interdit, avant le traité de commerce, de raffiner dans les Colonies.

Les *batteries*, au nombre de cinq, sont de grandes chaudières en fonte, où l'on fait évaporer le vesou.

Le procédé de fabrication, encore en usage sur la plupart des habitations de nos colonies, a été inventé par le R. P. Labat, savant dominicain, qui arriva à la Martinique en 1693, y résida plusieurs années et rendit au pays des services dont le souvenir vit encore. Les nègres de la Martinique prétendent que, certaines nuits, l'ombre du P. Labat vient, sous la forme d'une lumière mystérieuse, errer dans les sites aimés de sa chère Colonie.

tard, quand un grand établissement pénitentiaire (*Saint-Augustin*) s'éleva sur les ruines de *Power*, on déterra ses batteries, et l'on en fit des abreuvoirs pour nos animaux.

Sur le sommet de la colline, au milieu d'un petit plateau dominant tout le pays, s'élevait jadis la maison du *maître*. Les fondations avaient résisté au temps. Six marches en pierre de taille indiquaient l'emplacement de l'entrée principale. De belles mosaïques en marbre noir et blanc étaient là, comme les épaves d'une prospérité évanouie.

Devant la façade principale de la maison, au milieu d'un pêle-mêle de caféiers, de cotonniers, d'orangers, de manguiers, de palmiers, serpentaient, sur le versant nord de la colline, plusieurs rangées de cases occupées jadis par les nègres. Quelques-unes, dont les couvertures en feuilles d'*aouara* et les murs en piquets de *wapa* tombaient en ruines, étaient habitées, lors de notre première visite, par d'anciens esclaves, qui entretenaient ce qui reste encore des plantations de girofliers.

Sur les collines voisines, on voit des champs immenses de ce joli arbuste, un des plus frais et des plus élégants de ces climats. Il a la forme d'une pyramide. Ses feuilles, qui ressemblent assez à celles de l'olivier, sont d'un vert moins foncé, plus longues et plus brillantes. Ses branches poussent verticalement comme celles de nos peupliers d'Europe.

Cet arbre à épices était l'une des principales richesses de la colonie, quand le clou de girofle se vendait de dix à douze francs le kilogramme, prix d'autant plus rémunérateur que l'exploitation du giroflier est, de toutes les cultures, la moins coûteuse.

Aujourd'hui le kilogramme de clous de girofle est tombé au-dessous de quatre-vingts centimes. Les immenses productions de *Mascate* et de *Zanzibar*, dont les imans se font, dit-on, payer en cette denrée les impôts et les amendes, sont la cause principale de cette effrayante dépréciation. Cette culture est à peu près abandonnée à la Guyane.

Non loin de *Power*, sur une colline moins élevée, on apercevait, dans un bosquet d'arbres, dont quelques palmiers dépassaient la cime, les ruines d'une seconde habitation, appelée *Davaux*.

Les ruines de *Power* et de *Davaux* n'étaient pas les seules qu'on rencontrât aux environs du pénitencier de *Cacao*.

A cinq ou six mille mètres, au S.-O. en amont

de ces habitations, s'en élevait une autre, aussi importante autrefois, celle de *Fleury*.

Là encore, se voyaient les traces d'une grande industrie morte sur place. La charpente de la maison de *maître*, semblable à un de ces squelettes de grands animaux que nous trouvions, gisant dans la forêt, était encore debout. A travers les murs écroulés, on apercevait l'intérieur des appartements; quelques lambeaux de tapisserie pendaient çà et là; on distinguait même la couleur des boiseries, à peu près effacée par le temps. Couverts de lianes et de parasites, de nombreux arbres fruitiers, frappés de stérilité, mais dont le feuillage avait pris un développement excessif, entouraient ces ruines.

Comme à Power, une machine à vapeur s'élevait sur les bords du fleuve. Le fanal qui éclairait les travailleurs, quand le moulin marchait la nuit, était encore suspendu au plafond.

On aurait pu croire qu'en un instant quelque irrésistible désastre avait balayé, de ces lieux, tous ceux qui les avaient habités.

Au milieu de ces immenses solitudes, le spectacle de ces ruines nous causait l'impression qu'on éprouve à l'aspect d'un ancien champ de bataille. Ici, l'homme avait succombé dans sa lutte contre les événements et la nature conjurés. Celle-ci, victorieuse, avait vite repris ses droits et démantelé la cité conquise.[1]

Tout cela était triste à voir! Cependant nous revenions souvent visiter ces ruines. Quant à moi, il me semblait qu'elles étaient de mauvaise augure pour l'avenir de nos établissements, et qu'elles disaient, en style de la *Trappe*, aux constructions que nous élevions dans leur voisinage : « Frère, il faut mourir ! »

Heureusement, toutes nos promenades n'étaient pas aussi mélancoliques. Une des plus charmantes était celle que nous faisions aux *Sauts*.

---

1. A la Comté l'inclémence du climat suffirait pour expliquer les désastres des planteurs. Quant aux autres parties de la Guyane et à nos Colonies en général, il faudrait une étude approfondie pour mettre en relief les causes multiples de leur détresse actuelle, détresse contre laquelle les colons ont lutté et luttent encore avec énergie, mais inutilement. Je sais bien que l'on dit, pour démontrer que les Colonies sont en progrès, que leur production a plus que doublé depuis quinze ans; que la *Martinique*, par exemple, qui exportait pour une valeur de 13 millions en 1848, a porté ce chiffre à près de 30 millions en 1857. Je vois là les résultats du courage et de l'activité des colons, mais on trouverait à la conservation des hypothèques et dans les livres des négociants, qui font des avances de fonds aux planteurs, la preuve que malheureusement l'accroissement du bien-être des producteurs n'est pas toujours en raison directe de l'accroissement du chiffre de la production.

Dans nos excursions à Power et à Fleury, les nègres nous avaient appris que les premiers *Sauts* de la Comté se trouvent dans le haut du fleuve, à deux lieues environ de Cacao.

On appelle *Sauts* à la Guyane des barrages que forment des bancs de roches, semés dans le lit des rivières, quelquefois sur une assez grande étendue. On en rencontre dans tous les cours d'eau de ce pays. Ces sortes d'écluses naturelles maintiennent, la plupart du temps, une forte différence de niveau entre les deux nappes d'eau qu'elles séparent l'une de l'autre. Aussi le courant a-t-il souvent, dans ces endroits, la rapidité de la foudre.

On ne saurait s'imaginer pourtant avec quelle insouciance et quelle audace les nègres, et surtout les Indiens, lancent leurs pirogues entre ces récifs. Hommes, femmes et enfants, sont étendus immobiles, au fond de l'embarcation. Le patron seul, généralement chef de la famille, dont la vie dépend de son adresse, est assis à l'arrière, sa pagaye à la main. A l'avant, quelques chiens allongent leurs museaux pointus, et semblent flairer le danger.

Le moment est solennel, quand la pirogue s'engage dans les Sauts. Elle est, non pas entraînée, mais lancée avec une vitesse vertigineuse, au milieu des eaux qui bondissent, en écumant, contre les rochers. A l'aide de sa longue pagaye, dont il se sert comme d'un levier, en la rapprochant ou en l'éloignant du bord, le patron force de se mouvoir, entre les récifs, le frêle esquif, emporté comme dans un tourbillon.

Tout cela dure quelques secondes.

A peine le spectateur, sur le rivage, a-t-il retenu son souffle dans sa poitrine haletante, que la pirogue a passé comme l'éclair.

Que le patron eût fait un seul faux mouvement, elle était brisée en mille pièces et de tous ceux qui la montaient, il ne restait que des cadavres mutilés.

Ainsi va notre monde stupide : il n'accorde volontiers la renommée qu'aux hommes et aux choses qui sèment la terreur sur leur passage. Aussi les Sauts les plus vantés de la Guyane sont-ils ceux de l'*Oyapock*, de l'*Approuague* et du *Maroni*. Il existe sur ce dernier fleuve deux Sauts fameux parmi les nègres *Bosh* (des bois) et les Indiens *Bonis*. Ils les ont baptisés de noms sinistres. L'un s'appelle le *Man-bari* (l'homme crie) ; l'autre, le *man-caba* (l'homme fini). Ces Sauts ont eu la gloire de briser quelques pirogues et de noyer nègres et Indiens. Ceux de la Comté, qui n'ont jamais tué personne, ne jouissent que d'une assez médiocre réputation. Nous-mêmes, nous n'en faisions pas grand cas, il faut l'avouer. Ce qui nous y attirait surtout, c'était la fraîcheur d'une jolie petite île, située en amont, dans un endroit où les eaux du fleuve dorment, calmes comme celles d'un lac.

Plus tard, quand l'état-major du pénitencier fut plus nombreux, nous y allions quelquefois déjeuner sous la feuillée. C'était aux jours rares où la fièvre ne retenait personne au logis, et quand le bonheur d'être bien portants nous rendait la gaieté de notre âge.

XIII

Dans une de ces excursions aux *Sauts*, j'eus la chance, peu commune en tous pays, inouïe dans ces solitudes, de me faire un ami.

Sur la rive gauche de la rivière, près d'un grand rocher lisse et plat, qui sert de débarcadère, s'élève une case couverte de feuilles de palmier, comme on en voit de loin en loin en parcourant la *Comté*.

Nous eûmes, un jour, l'idée de visiter cette case.

Elle était habitée par un vieux nègre du nom de *Télémaque,* sa femme *Virginie,* son fils *Eudore* et sa fille *Cymodocée.*

Qu'on n'aille pas croire que ce sont là des noms de fantaisie. Ceux qui les portent pourraient au besoin prouver leur identité.

Beaucoup de parents ont, aux Colonies, cette ridicule manie de donner à leurs enfants des noms de héros de roman ou d'hommes célèbres, sans doute en prévision des qualités ou des vertus qu'aura infailliblement le *baby* qu'on en décore. (J'ai connu à Cayenne une famille de gens de couleur, dont les membres portaient les noms de tous les personnages de *la Nouvelle Héloïse.*) Aussi n'y a-t-il pays au monde où l'on voie tant de *César* poltrons comme des lièvres, de *Cicéron* bégayant, *Narcisse* laids à faire peur.

Les nègres, qui ont bien d'autres ridicules, peuvent refuser d'endosser la responsabilité de celui-ci. Ils aiment, à la vérité, tout ce qui est éclatant et sonore, adorent toujours, comme leurs frères d'Afrique, le chrysocale et les verroteries, et professent l'horreur des couleurs sombres et de l'*e* muet. Leurs filles s'appellent presque toutes Lodoïska, Rosalba, Julia, Louisa, Paulina; rarement Julie,

Louise ou Pauline. Mais lisant peu, par la bonne raison qu'ils ne savent pas distinguer un *a* d'un *b*, ils ne peuvent chercher dans l'histoire ou les romans les noms de baptême de leurs enfants.

C'est assez communément quelque *maîtresse*, se piquant de littérature, qui a ainsi distribué aux fils et filles de ses esclaves les noms de ses héros ou héroïnes de prédilection. Ces noms se sont perpétués dans les familles nègres. Voilà comment on rencontre, au milieu des forêts de la Guyane, les noms illustrés par Fénelon, Bernardin de Saint-Pierre ou Chateaubriand.

Cette explication donnée, pour mettre ma véracité à l'abri de tout soupçon, revenons à *Télémaque*.

Il était, malgré les années, d'une taille haute et vigoureuse. Quant à son âge, il n'avait sur ce chapitre, comme la plupart des anciens esclaves, que des notions assez vagues. Nous estimions qu'il pouvait avoir environ soixante et dix ans. Sa barbe et sa chevelure crépues, entièrement blanches, donnaient un air vénérable à son visage d'un noir d'ébène... Pour le reste, il ressemblait à tous les nègres, dont les têtes, avec leurs nez épatés, leurs grands yeux blancs, leurs grosses lèvres, semblent toutes sorties du même moule.

Tel était mon futur ami.

Sa cabane ne différait pas beaucoup de celles que j'ai eu occasion de voir depuis, dans mes excursions. La décrire, c'est faire connaître au lecteur toutes les cases de nègres, éparses dans ces solitudes.

Par deux portes, situées en face l'une de l'autre, on entre d'abord dans une vaste salle destinée à la vie commune. Cette pièce est la seule qui soit ouverte aux étrangers. A des clous plantés dans la cloison, pendent les *calebasses*, les *couis* [1], les flèches et les filets pour la pêche. Sur des étagères en bois brut, reposent des assiettes en grossière faïence, des pots de terre et quelques *cassaves*. Çà et là, sur le sol, de fortes billes de bois, qui servent de siéges aux visiteurs ; quelques *pagaras* (paniers d'écorce de palmier) en cours de fabrication et des *grages à manioc*. En dehors de ces ustensiles, aucun meuble, pas même une table pour les repas. Les nègres ne s'en servent pas, ayant l'habitude de manger sur leurs genoux. Dans un coin de la chambre, sur deux pierres grossières, bout la marmite, suffisamment garnie de poissons, d'*igna-*

---

1. La *calebasse*, fruit du *calebassier*, ressemble à la courge et sert aux mêmes usages. Elle a la forme sphérique. Le *coui* est une écuelle hémisphérique, qu'on fait avec la moitié d'une calebasse.

mes et de *paripous* [1]. Chacun y puise à son heure, remplit son *coui*, et vä faire son repas à l'ombre de quelque manguier, sur les bords du fleuve.

On ne se réunit à une table, dont la forêt fournit à l'instant les matériaux, que dans les circonstances solennelles : les jours de mariage ou d'enterrement, par exemple. Ces jours-là, faisant trêve à la sobriété habituelle, tous se grisent à qui mieux mieux. Peut-être le ferait-on volontiers plus souvent, mais « *Pas travail meïo passé taffia* » (ne rien faire vaut encore mieux que du taffia).

Pendant le jour, les nègres vivent continuellement en plein air. Leurs cases sont désertes ; les portes n'en restent pas moins ouvertes, et peut entrer qui veut. Bien que dans ces misérables cabanes, il n'y ait, la plupart du temps, rien qui puisse tenter la cupidité des passans, cette confiance n'en fait pas moins honneur à la probité des habitants.

Si en France, comme dans les Colonies, les maisons demeuraient ouvertes jour et nuit, quelle liessè pour messieurs les voleurs !

Ici, les faits divers n'enregistrent presque ja-

---

1. *Igname,* sorte de solanée comme la pomme de terre. — *Paripou,* fruit d'un palmier, pend au tronc par grappes, comme les dattes au dattier.

mais de vols; tout au plus, quelque propriétaire peu tolérant se plaint-il, de loin en loin, de ne pas voir engraisser ses poules, ni mûrir les fruits de son verger; mais pour tout ce qui vit à ciel ouvert et peut se mettre dans la marmite, le nègre a une excuse toute trouvée : « *Prendre, ça pas volo* » (prendre n'est pas voler).

Depuis quelques années, la civilisation est en train de rectifier ces idées un peu primitives. On commence à savoir aux Colonies, surtout aux Antilles, (où, malgré l'absence de forçats, on est plus avancé, sous ce rapport, qu'à la Guyane), ce que c'est que le vol avec effraction et escalade, le meurtre avec préméditation, l'infanticide, etc., choses à peu près inconnues, il faut l'avouer, hélas! avant l'ère de la liberté [1]

— Quand vient la nuit, les nègres rentrent dans leurs carbets. Un petit feu brûle au milieu de la pièce d'entrée, sur le sol en terre battue. Hommes,

---

1. Qu'on n'aille pas sur ce simple mot nous prendre pour un partisan de l'esclavage. Nous constatons un fait, voilà tout. Du temps de l'esclavage, les bons *petits noirs* avaient moins d'audace, mais se servaient fort agréablement de l'incendie, qui est encore à l'ordre du jour, dans les Antilles, et des poisons végétaux, qui tuent, sans laisser de traces. Voir à ce sujet l'intéressant livre de M. Paul Dhormoys, *Sous les Tropiques*, un vol. in-18. Librairie Centrale.

femmes et enfants se tiennent accroupis autour. On reste là des heures entières, dans l'obscurité, sans prononcer une parole. Le silence n'est interrompu, de temps à autre, que par le bâillement de quelque chien, couché au milieu de la famille, le museau étendu sur les cendres du foyer.

Beaucoup de gens prétendent cependant que les nègres ont autant d'idées que les blancs. Il faut avouer alors qu'ils ont le caractère un peu moins communicatif que nous.

Les petites habitations semées sur les bords de la Comté ne sortent de cet état de torpeur que les soirs où l'on *grage* le *manioc* [1]

Ces jours-là sont des jours de réunion et de fête. Le chant des travailleurs, le bruit du tambour, qui bat la *bamboula*, se font entendre au loin dans le silence des bois.

C'est, pour un Européen, un spectacle assez curieux, vu le soir, à la lueur d'une torche fumeuse, que celui de la case où l'on grage le *manioc*. Le *grageur*, nu jusqu'à la ceinture, est penché sur sa

---

[1]. Le *manioc* est une plante qui, avec un feuillage plus grêle, ressemble assez à notre dahlia. Il a comme lui un tubercule, mais beaucoup plus volumineux. — La *grage* (d'où le verbe *grager* et le substantif *grageur*) est une sorte de grande râpe, qui a plus d'un mètre de long, et qui sert à réduire en fécule les racines de *manioc*.

grage, qu'il tient arc-boutée entre le sol et sa poitrine. La sueur ruisselle sur son buste noir et brillant. Ses bras nerveux suivent avec une rapidité insensée les roulements du tambour.

Le tambour, qui compose à lui seul tout l'orchestre, est d'une simplicité digne des premiers âges; ce n'est qu'un tronc d'arbre, creusé par le feu, et recouvert d'une peau de bête bien tendue. Qu'on se figure un énorme *mirliton* ouvert à l'un des bouts. Un nègre, à genoux sur le sol, tient cet instrument entre ses jambes, et, de ses deux mains, frappe la peau à coups redoublés. Il y a des artistes qui, dans leur genre, ont ici autant de réputation que Liszt et Vieuxtemps, dans le leur, en Europe. Le tambour et le grageur, voilà les acteurs principaux de la scène. Les autres nègres ou négresses, assis en cercle, épluchent, en chantant, les racines de manioc. Les plus jeunes, chantant aussi, les portent dans le panier, placé près du grageur, ou entassent la pulpe dans de longs sacs en paille, appelés *couleuvres*, où elle doit se débarrasser de son eau-mère. La chose est essentielle; car cette eau tient, dit-on, en dissolution un poison végétal des plus violents.

Quelques jours plus tard, quand la pulpe a séché, on l'étend sur des plaques en fer bien chauffées, et l'on en forme de grandes galettes, qu'on appelle *cassaves*. C'est le pain des noirs et des Indiens de la Guyane. La *cassave* n'est pas d'invention Européenne. Les Indiens d'Amérique, quand les premiers navigateurs y abordèrent, en faisaient leur nourriture habituelle. Si l'on brasse, pour la diviser, la fécule étendue sur la plaque, on obtient ce qu'aux Antilles on appelle *farine-manioc*, et *couac* à la Guyane.

Les blancs s'accommodent mal du couac et de la cassave, qui, sous un volume considérable, n'offrent à leur estomac qu'une nourriture insuffisante. Je n'ai jamais pu, pour ma part, m'accoutumer à cet insipide aliment.

Réhabilitons pourtant le *manioc*, en disant qu'on en retire le *tapioc* (tapioca), dont on fait en France de si succulents potages.

Les échos de la Comté étaient rarement réveillés par la *bamboula*, qui annonçait le travail. Les carbets y sont rares, et les nègres les plus laborieux ne produisent que juste ce qui est nécessaire à leur consommation.

Ainsi ne faisait point l'ami Télémaque. On grageait souvent le manioc chez lui; le bonhomme allait placer sur le marché de Cayenne son couac et sa cassave; il y conduisait aussi des trains de bois, de bardeaux et de lattes, qui lui donnaient d'assez jolis bénéfices. Il savait encore tuer délicatement, et empailler avec art des oiseaux rares, fort recherchés des amateurs d'histoire naturelle, et même de ceux qui voulaient emporter seulement un souvenir du pays. Sa femme et sa fille fabriquaient de petits *pagaras*, grands comme la main, et d'une finesse extrême, qu'elles vendaient aux belles dames de Cayenne, jusqu'à vingt et trente francs pièce.

Ces diverses industries avaient amené dans la case de Télémaque une aisance relative : aussi les autres nègres avaient-ils pour lui la considération que rapporte l'argent, même dans ces solitudes. Ils ne l'appelaient que « *Mouché* (monsieur) *Télémaque*. »

Son carbet était plus propre qu'aucun de ceux de la Comté; sa femme et sa fille, aussi bien vêtues, lorsqu'elles venaient le dimanche à *Cacao*, que les négresses qui servaient dans les maisons des *bons-blancs* de Cayenne.

Et quand, plus tard, je fus, vu la grande intimité, admis à jeter un coup d'œil dans le *gynécée* (j'appelle ainsi les chambres de Virginie et de Cymodocée, situées à gauche, comme celle d'Eudore et de Télémaque à droite de la salle commune), j'y pus admirer deux superbes armoires en *moutouchi,* pleines de *camisas* [1] de toutes couleurs, de *cosaques* en beaux *madras,* de *kioqs* brillants, en or guilloché, et deux lits à colonnes, en *courbaril,* recouverts de draps de toile d'une finesse extrême et d'une blancheur immaculée, vrais lits de parade, que la mère et la fille respectaient trop, pour y coucher jamais.

Dès la première visite que nous fîmes au père Télémaque, je devinai en lui l'homme important. Je le questionnai discrètement sur ses affaires, et l'écoutai avec l'attention que méritait un tel sujet et la considération due à un pareil personnage.

Une bonne commande de bois pour l'établissement et une poignée de mains au départ achevèrent de me le gagner complétement.

Il vint, quelques jours plus tard, avec son fils, conduire à *Cacao* sa pirogue de transport, chargée de bois de construction, de lattes et de bardeaux. Après lui avoir payé sa marchandise, je le priai d'accepter deux *madras* aux plus belles couleurs,

---

1. *Camisa,* morceau d'étoffe dont les négresses se ceignent les reins ; *cosaque,* coiffure qu'elles se font avec un mouchoir des Indes (le madras). On *calande* (peint) le madras avec des couleurs éclatantes, absolument comme une aquarelle ; *kioq,* pendants d'oreilles gigantesques. Les oreilles se déchirent souvent sous le poids des kioqs : grand honneur pour celle qui les porte.

et de les offrir de ma part à « *madame* et à *mademoiselle Télémaque*. »

A ces mots, vous l'auriez vu rougir d'orgueil sous sa peau noire. Le lendemain, *ces dames* m'envoyaient un *aïmara*[1] et une cuisse de *pac* boucané, qui furent les bienvenus. Les petits cadeaux entretiennent l'amitié.

Enfin, à quinze jours de là, le Révérend Télémaque, pris pour nous de belle passion, venait nous offrir ses services pendant le mois que sa femme et Cymodocée allaient passer, chaque année, chez leurs amis de Cayenne. Nous n'eûmes garde de refuser l'offre de ce vieil habitant des bois, et, grâce à lui, nous pûmes désormais parcourir en toute sécurité les forêts environnantes.

XIV

Quand un peintre d'Europe veut représenter une forêt vierge, il dessine des arbres immenses, aux

---

1. *Aimara*, excellent poisson qu'on pêche particulièrement dans la Comté; *pac*, gros rongeur, très bas sur ses pattes, dont la robe est d'une jolie couleur marron, et parsemée de taches blanches. La chair du *pac* est très-estimée à la Guyane.

troncs noueux, couverts de parasites; des lianes, comme les serpents dans le groupe de Laocoon, étreignent ces géants, ou tombent de leurs fronts, comme une chevelure dénouée. Une végétation bizarre couvre un sol tourmenté, sur lequel joue la gazelle, glisse le serpent, et se tapit le tigre. Sur les branches, les singes, ces Léotards perfectionnés, font de la gymnastique. Les perroquets bavardent dans le feuillage.

Tout cela est fort pittoresque sans doute, et offre au dessin et à la couleur des ressources variées. Aussi chaque artiste peut-il, suivant son goût et son imagination, faire sa forêt vierge. La nature, elle, n'en a créé qu'une, d'une monotonie grandiose comme celle de l'Occéan.

Figurez-vous, de tous côtés, aussi loin que la vue peut s'étendre, une armée innombrable de troncs gigantesques, lisses et droits comme les mâts d'un vaisseau, s'élançant à cent pieds dans les airs. Vous marchez des journées entières, et vous rencontrez toujours d'autres troncs, si semblables aux précédents, que vous ne sauriez dire si vous avez avancé d'un pas, ou si vous avez tourné dans un cercle, pour revenir au point de départ. Au-dessus de votre tête, à une hauteur énorme, un dôme de verdure qui ne se dépouille jamais, et que ne perce aucun rayon de soleil; sous vos pieds, un sol sans végétation et aussi net qu'une allée de parc : voilà la vraie forêt vierge, celle qu'à la Guyane on appelle le *grand-bois*.

Rien ne s'oppose à la marche du voyageur, qui s'avance comme à travers une colonnade sans fin. Il marche, il marche sans cesse, comme enivré par la continuité des mêmes sensations, et quand il s'arrête, seul, perdu dans ces immenses solitudes, au milieu de ce grand silence, il éprouve ce sentiment de tristesse, dans lequel nous jette la pensée de l'infini [1].

De temps à autre, un cri perçant : *Mouri-ô* (en nègre : mourir, hélas !), vous fait tressaillir. C'est le chant d'un petit oiseau, le *mourio* au plumage sombre, à l'aspect mélancolique. Dès qu'il vous a aperçu il vous suit des heures entières, en sautillant de branche en branche, et sifflant sa monotone et lugubre note. Ces mourios sont la terreur des nègres, qui professent à leur endroit la même croyance superstitieuse que certains vieux matelots pour les *pétrels* ou hirondelles de mer. « Ce sont, disent-ils, les âmes de ceux qui sont morts sans

---

1. Je n'ai retrouvé une image des *grands-bois* de la Guyane que dans certains paysages fantastiques de ce prodigieux dessinateur, qui a nom *Gustave Doré*.

sacrements dans ces solitudes. Elles reviennent se lamenter et demander les prières qui doivent les délivrer du purgatoire. »

Si notre description a donné au lecteur une idée exacte du *grand-bois*, il doit comprendre combien il est facile de s'égarer dans ce dédale. Nous avons cité un exemple du terrible danger auquel s'expose l'Européen qui s'y aventure imprudemment. L'instinct du nègre et de l'Indien, ou la science de l'homme civilisé, qui a la boussole pour s'orienter, peuvent seuls permettre d'y pénétrer, sans crainte de voir son âme passer un jour ou l'autre dans le corps d'un *mourio*.

Nous avions la boussole, et mieux Télémaque, lorsque nous voulions faire dans la forêt quelque excursion un peu lointaine.

Le travail tracé aux ouvriers, quand aucun service spécial ne nous retenait au camp, on employait des journées entières à ces petits voyages, ou à de longues promenades en pirogue sur le fleuve. Mais au milieu de ces plaisirs, si quelque fait nouveau se montrait à nous, chacun de l'analyser et de voir s'il n'en pouvait tirer parti à son profit personnel ou dans l'intérêt général.

C'est ainsi que ceux qui vivent dans les solitudes parviennent à acquérir, à un dégré surprenant, la faculté de tout observer, et de tirer de leurs observations des conclusions justes et instantanées. Ce double travail de l'esprit, opéré avec une rapidité pour ainsi dire mécanique, constitue ce qu'on appelle improprement l'*instinct* chez le nègre et l'Indien. L'Européen, bien autrement intelligent, peut parvenir aussi à *acquérir* l'*instinct*. Seulement, il faut du temps et de la patience, pour assembler ses lettres et arriver à lire couramment dans le livre de la nature, quand ce livre ne s'ouvre que tardivement devant vous.

Là encore, c'était Télémaque, le vieux nègre illettré, qui nous servait de maître. Il ne nous apprenait pas seulement à nous diriger dans ces forêts. Il nous initiait aussi aux mœurs, aux habitudes des animaux, la plupart nouveaux pour nous, qui les peuplaient.

En nul autre pays au monde plus qu'en celui-ci, le naturaliste ne rencontrera un champ aussi étendu d'observations. L'ornithologiste et l'entomologiste surtout (pardon, lecteur, de ces noms barbares; je veux dire l'amateur d'oiseaux et d'insectes) trouveront d'amples moissons à récolter.

Que de fois n'ai-je pas déploré, pour mon compte, qu'en fait d'histoire naturelle, mon éducation eût été aussi négligée : « Ah! me disais-je. si au lieu de me faire pâlir au collége sur tant de vieux livres d'auteurs morts depuis longtemps, on m'avait appris à épeler seulement dans ce livre toujours jeune de cet auteur qui ne meurt jamais! »

Ce regret, que j'éprouvais au milieu de cette nature toute nouvelle pour moi, s'est réveillé souvent depuis mon retour en France. Je persiste donc à croire, soit dit en passant, qu'une excellente réforme à introduire dans nos lycées serait de remplacer quelques classiques Grecs et Latins par un bon cours pratique de botanique et de zoologie. Une fois hors des murs du collége, ceux qui auraient le bonheur de ne pas quitter la France, trouveraient chaque jour autour d'eux, au sein de cette nature, une des plus riches du monde, ne leur en déplaise, mille sujets d'observation et d'étude. Quant à ceux que le sort contraire entraînerait, comme nous, en de lointains climats, ils auraient, au retour, ami lecteur, sans même avoir été quelque peu dévorés par les tigres, assassinés par les forçats, ou piqués par le serpent à sonnettes, plus d'une histoire curieuse à te raconter. De plus, ils ne seraient pas forcés, pendant leur exil, de s'en rapporter à l'expérience de quelque vieux sauvage, qui pourrait ne pas valoir l'*ami Télémaque*.

C'était donc, disaisje, à la science du bonhomme

qu'on avait recours, quand un oiseau ou un insecte inconnu nous tombait sous la main. Mais Télémaque ne connaissait lui-même tous ces êtres, qui lui étaient familiers, que sous les dénominations employées dans le pays. Une seule fois — pour nous éblouir sans doute — il essaya de se servir d'un nom latin, qu'il avait entendu prononcer à l'industriel auquel il vendait à Cayenne sa marchandise empaillée. Il l'estropia si drôlement que nous ne pûmes garder notre sérieux. Heureusement que s'il était doué, comme tous les nègres, d'un fort grain de vanité, notre vieil ami avait, en même temps, un excellent caractère. Sa mésaventure ne l'empêcha donc pas de continuer à nous apporter, en fait d'oiseaux, de reptiles, d'insectes, etc., tout ce qu'il pensait pouvoir nous intéresser.

Tantôt c'était un magnifique *prione*, à robe moirée, la tête ornée de longues et délicates antennes; tantôt un *bupreste* ou un bousier, non pas noir et laid comme ceux de France, mais aussi brillant que le *scarabée d'or* du conte de *Poë*, ou bien encore une de ces belles *mantes religieuses*, qu'on dirait une feuille verte, détachée d'un de ces grands arbres des Tropiques.

Parmi les insectes dont Télémaque enrichit ainsi la collection du docteur V..., le seul d'entre nous qui s'occupât d'entomologie, deux surtout attirèrent notre attention. Le premier, assez connu en histoire naturelle, est celui qu'on désigne sous le nom de *fulgore-porte-lanterne*. Ce singulier animal a pour tête une sorte de fanal, représentant assez bien en miniature la mitre d'un évêque... Télémaque voulut nous persuader que, la nuit, ce fanal s'allume, quand le fulgore va, par la forêt, faire quelque expédition clandestine.

Les nègres, comme les enfants, croient ainsi, volontiers, à tout ce qui sort de l'ordinaire et ressemble à un conte bleu... Nous n'étions pas tout à fait aussi crédules. Télémaque s'en aperçut.

Piqué de notre scepticisme, le soir même il nous apportait, comme argument propre à nous convaincre, un second insecte, qu'il appelait *taupin-grand-bois*[1]. C'était un scarabée de couleur sombre. D'aspect assez insignifiant le jour, il allume, la nuit, sur le sommet de sa tête, deux petites lentilles lumineuses, qui projettent une clarté phosphorescente des plus vives. Tout d'abord,

---

[1]. Les nègres de la Guyane ont adopté ce mode, qui donne une si grande richesse à la langue anglaise de qualifier un substantif par un substantif : Ainsi ils appellent *flamant-grand-bois* et *perdrix-grand-bois*, le flamant noir et l'énorme perdrix, qu'on ne rencontre que dans les grands-bois.

on s'imagine que ce sont les yeux de l'insecte qui brillent ainsi dans l'ombre, pareils à ceux de certains animaux de race féline. Il n'en est rien. En y regardant de plus près, on aperçoit les véritables yeux, comme deux petits points noirs imperceptibles, placés en avant de ces étranges lueurs. Trois ou quatre de ces insectes, enfermés sous un globe de cristal, donnent, j'en ai fait l'expérience, une lumière suffisante, pour lire dans l'obscurité... Je me suis laissé dire que les Indiens se servaient quelquefois de ce mode d'éclairage. Ce serait alors comme amusement; car il n'est guère pratique....

Quand les petits présents qu'il nous apportait ainsi, semblaient nous contenter, Télémaque en témoignait une joie d'enfant. Un autre plaisir pour lui était de tenter de nous effrayer, en plaçant dans notre voisinage, mais si parfaitement empaillé que l'œil le plus exercé s'y fût trompé, quelque animal hideux ou terrible, comme un de ces énormes crapauds, appelés *crapauds-taureaux*, ou un *serpent-grage,* à odeur de musc, le plus dangereux des reptiles qu'on rencontre dans les bois de la Guyane.

Un soir, entr'autres, en rentrant dans notre Carbet, j'aperçus sur la table à manger, le seul meuble qui s'y trouvât, une araignée colossale, de l'espèce de celles qu'on désigne dans le pays sous le nom caractéristique d'*araignée-crabe*. Celle-ci était aussi large qu'une assiette, noire, luisante, hideuse à voir. Comme si elle s'apprêtait à s'élancer, ses longues pattes, nerveuses et velues, s'arcboutaient, contre le bois de la table, sur laquelle reposait son ventre énorme.

Si j'eusse connu à cette époque l'histoire lamentable de sir *Thomas Hawerbuch*[1], je prenais peut-être une fuite qui me déshonorait à jamais!

Surpris seulement à la vue d'un pareil adversaire, je cherchais à portée de ma main une arme pour me défendre, quand j'entendis derrière moi un rire étouffé, et dans l'encadrement de la porte se montra la face noire et épanouie de *l'ami Télémaque*... Mon araignée était empaillée! Télémaque prenait, à sa façon, une revanche de l'hilarité que m'avait causée quelques jours auparavant son barbarisme latin... C'était de bonne guerre... Encore sous le coup de mon émotion, je lui déclarai cependant que je trouvais la plaisanterie d'un goût assez douteux.

Dans le but, sans doute, de se la faire pardonner, il m'envoya le lendemain, par sa fille *Cymo*-

---

[1]. Erckmann-Chatrian (Contes fantastiques).

docée, une large feuille de *balisier*¹... Les nègres, comme tous les hommes primitifs, aiment assez à parler par emblèmes. Déjà au fait de leurs usages, je cherchais à deviner le sens du présent de Télémaque, quand je retournai la feuille. Elle recouvrait une vraie merveille.

Sous la toiture naturelle que formaient ses deux parties, toiture dont la fibre du milieu figurait l'arrête, et les nervures les chevrons, un *oiseau-mouche* avait abrité le nid préparé pour recevoir sa couvée. Rien de plus délicat au monde que cette petite pelotte, ouatée par l'amour maternel du plus fin duvet. Deux œufs s'y trouvaient encore, auprès desquels ceux d'un roitelet eussent semblé bien gros.

En examinant de plus près ce petit monument de patience et d'habileté : « Quel grand émoi, pensais-je, a dû agiter le corps microscopique de la pauvre mère, quand la grosse main noire de Télémaque est venue ainsi détruire, en un moment, tout le travail passé et tout l'amour à venir! »

Et je me la figurais, les ailes frémissantes, allant, venant, parcourant les airs, avec de grands petits cris de désespoir; tantôt, comme affolée, se préci-

---

1. Sorte de fougère gigantesque.

pitant jusque sur la tête crépue du ravisseur; puis consciente de sa faiblesse, s'éloignant à tire d'ailes, pour revenir l'instant d'après.

J'avais déjà eu occasion d'admirer à Cayenne ces petits chefs-d'œuvre de la création. Je les avais vus, semés dans l'air comme des rubis, des émeraudes et des topazes animés, se poursuivre plus rapides que des projectiles, plus brillants que des étincelles; s'arrêter à chaque fleur, s'y plonger, sans en froisser le calice, et reprendre follement leurs courses et leurs amours aériennes... J'aimais ces frêles créatures, si inoffensives de mœurs, si gracieuses de mouvements, si délicates de formes, si charmantes de couleurs. Aussi, à la grande surprise de Cymodocée, blamai-je fort Télémaque d'avoir empêché deux d'entr'elles de voir le jour. Je le blâmai d'autant plus qu'elles sont excessivement rares dans ces bois. Il semble que les coquettes n'affectionnent que les pays dont le soleil éclatant peut faire valoir l'or et le diamant de leurs jolies ailes. Les brouillards de la Comté ne pouvaient être du goût de ces mondaines, et servaient, peut-être, de refuge à quelques âmes désenchantées, revenues des illusions d'ici-bas.

Quoiqu'il en soit, si nos forêts étaient privées d'*oiseaux-mouches* et de *colibris*, elles possédaient en revanche, une foule d'autres hôtes, de formes charmantes ou bizarres et de couleurs plus éteintes, mais fort belles cependant.

Dans les premiers temps de notre séjour, comme le bruit de grands ateliers et d'une masse considérable d'hommes réunis ne les avait pas encore effrayés, ils venaient d'eux-mêmes reconnaître quels étaient les intrus qui empiétaient ainsi sur leurs domaines. Le terrain défriché que nous occupions en était égayé tout le jour.

Les plus communs, les plus familiers, mais aussi les plus stupides de ces visiteurs étaient ces oiseaux qu'on appelle *toucans* ou *gros-becs*. Ce volatile, unique, je crois, en son genre, prêtait aux lazzi de nos soldats et plus tard des transportés... Avec ses yeux ronds et fixes, son énorme bec enluminé, ses habits d'arlequin, il a tout à fait l'air, en effet, d'un gibier de carnaval. Ce bec énorme, qui lui donne, au repos, la physionomie mélancolique et désolée de certaines caricatures de *Gavarni*, en volant, il doit le porter, sous peine de perdre l'équilibre, péniblement, et à col tendu, pour ainsi dire. Il résulte de là que la longueur du bec s'ajoutant à celle du col, vous prenez généralement les toucans pour des canards, quand vous les voyez passant à une certaine hauteur. C'est ce qui m'arriva, à moi-même, pour les premiers que j'aperçus à la Comté.

Un jour qu'un grand nombre de ces oiseaux s'étaient abattus non loin de nos cabanes, je me glissai à travers les arbres, croyant tomber au milieu d'une bande de canards et en tuer quelques uns : ce qui eût été une bonne fortune pour notre garde-manger, assez mal garni d'habitude. Quelle ne fut pas ma surprise de découvrir, en lieu et place de mes canards, une vingtaine d'oiseaux aux couleurs éclatantes !

Je les reconnus, pour en avoir vu d'empaillés dans les vitrines de nos naturalistes. Mais combien me parurent plus riches les plumages de ceux-ci, voltigeant en grand nombre sur un de ces beaux arbres verts de la Guyane ! Leur becs surtout, qui se ternissent très-vite après la mort, étaient peints, comme le reste du corps, du vermillon et de l'azur le plus brillants.

Je n'étais pas moins étonné de la stupidité avec laquelle ces oiseaux se laissaient tuer, sans essayer de fuir. En peu d'instants toute la bande fut décimée. Ce fut, d'ailleurs, une maigre ressource pour notre table. La chair du toucan est noire, sèche et insipide.

Ces oiseaux et bien d'autres encore ne faisaient

que passer sur l'établissement; une espèce succédait à une autre.

Après les toucans, c'étaient les perroquets qui nous fréquentaient le plus volontiers. On en voyait de toutes dimensions et de tous plumages. Les moins rares, et les moins jolis aussi, étaient ces gros perroquets verts, grands parleurs en captivité, connus en France sous le nom de *meuniers*.

Les *aras* sont encore assez nombreux à la Comté; mais ils doivent habiter les massifs montagneux et boisés qui séparent le bassin de nos rivières guyanaises de celui de l'Amazone. Nous n'en vîmes jamais que passant, deux à deux, à des hauteurs considérables. Ils ne vont point par caravanes, comme le vulgaire des perroquets; mais toujours par couple. Le mâle et la femelle, véritables modèles d'assiduité conjugale, ne se quittent jamais. Leur cri, strident comme le bruit d'une crécelle, se fait entendre à de grandes distances. Il nous semblait quelquefois que ces oiseaux étaient tout près de nous, et ils disparaissaient au-dessus des nuages, ou ne se distinguaient que comme deux points noirs dans le ciel bleu.

Les arbres qui entouraient le camp se peuplaient quelquefois aussi d'une nuée de petites perruches vertes à collier jaune. Il était très-difficile de les apercevoir dans le feuillage, dont elles ont la couleur, d'autant plus qu'elles ne sautent pas de branche en branche comme les autres oiseaux, mais marchent lentement de côté, comme on peut l'observer, quand, réduites en captivité, elles se promènent sur leur perchoir Cependant, avec un peu d'habitude, on arrive à les tirer très-bien au jugé.

La première fois que je me livrai à cette chasse, je maudissais ma maladresse. Dix fois j'avais déchargé mon fusil, et pas un oiseau n'était tombé. Mais au bout d'un instant j'assistai à une véritable pluie de perruches. C'est que lors même que le plomb les tue sur le coup, ces oiseaux ne tombent pas immédiatement de l'arbre. Comme ils ont la patte très prenante, ils pivotent autour de la branche, et leur poids ne les entraîne que quand la rigidité de la mort leur fait lâcher prise.

J'ai cru devoir consigner ici ces observations dans l'intérêt de ceux qui, comme moi, se livreront un jour à la chasse aux perroquets. En les laissant bouillir longtemps, ils en feront ensuite une excellente soupe, et un salmis, dont je ne veux rien dire aujourd'hui, de peur de manquer de reconnaissance ; car nous le trouvions excellent dans les forêts de la Comté.

Outre les perroquets et les toucans, dans les

bois voisins, on rencontrait des *hoccos*, des *paraquois*, des *quinquins*, des *mourios*, etc., etc.

Je n'assurerai pas, bien au contraire, que ce sont là les noms que portent ces oiseaux dans les livres d'histoire naturelle; ce sont du moins ceux qu'on leur donne dans le pays. On a, à la Guyane, l'habitude de désigner la plupart des oiseaux par le cri dont ils se servent pour s'appeler. Cette manière de faire un peu primitive, que nous tenions de Télémaque, barbare sans doute aux yeux d'un savant en *us*, nous paraissait fort commode, à nous autres ignorants. Elle avait le double avantage de nous faire reconnaître les oiseaux à leur cri, et de leur laisser le nom dont ils se sont baptisés entre eux.

Les *galibis*, les *caciques*, les *cottingas*, bleus ou ponceaux, et cent autres espèces d'oiseaux d'un naturel très-familier, se détachaient encore sur le vert sombre de la forêt, en couleurs éclatantes et variées....

Mais je m'arrête... Quelque lecteur incrédule pense peut-être que je fais ici un tableau de fantaisie. Qu'il me permette une simple question : si, à deux siècles d'intervalle, deux peintres de tempérament et de goûts différents, peignaient le même paysage des mêmes couleurs, n'en conclurait-il pas que la couleur qu'ils ont donnée à leur tableau est réellement celle de la nature? Je crois que la réponse ne peut être douteuse, et je cède la parole au *R. P. Pelleprat,* un de ces ardents missionnaires qui vinrent les premiers porter le flambeau de la foi aux sauvages de la Guyane.

Le Père Pelleprat, dont j'invoque ici le témoignage, arriva aux Iles en 1639. Ses supérieurs l'envoyèrent, quelques années après, en *terre-ferme ;* c'est-à-dire sur le continent. Atteint d'une infirmité qu'il contracta en catéchisant les familles d'Indiens, éparses dans les forêts de la Guyane, il dut retourner à la Martinique pour y rétablir sa santé [1]. C'est là qu'en 1654 (il y a par conséquent, deux cent onze ans) il écrivit son livre qui a pour titre : « *Missions des Pères de la Compagnie de Jésus dans les îles et dans la terre ferme de l'Amérique méridionale.* »

Or, voici ce qu'on lit au chap. IV, intitulé « *Des Avantages et des Merveilles de ce pays* » (la Guyane) : « Je puis mettre au nombre des choses agréables à la vue cette belle variété de plumages de tant d'es-

---

1. Le Père Pelleprat repassa bientôt en Europe. Il revint à la Guyane en 1656; mais les Hollandais s'étaient emparés du pays. L'infatigable missionnaire se dirigea alors vers le Mexique et mourut, en 1667, sur cette terre qu'a arrosée de nos jours, et que régénérera, espérons-le, le généreux sang de nos soldats.

pèces d'oiseaux, qui, de toutes parts, perchés sur les arbres, produisent l'effet d'un tableau diversifié de toutes couleurs. Le fond est d'un beau vert, qui ne consiste pas seulement dans les feuilles des arbres toujours verdoyantes dans ce climat, mais aussi dans le plumage des perroquets et des *péricles*, qui sont aussi communs en ce pays que les moineaux le sont en France.

Sur ce fond, la nature forme une espèce d'arc-en-ciel terrestre, qui n'a pas peu de rapport avec le céleste. On y voit un mélange des éclatantes couleurs produites par le plumage des oiseaux : du rouge, du nacarat, de l'incarnat, du bleu céleste, de l'orange, du jaune, du violet, du bleu, du noir, du feuille-morte et d'autres couleurs, toutes très-agréables à la vue; tant il est vrai que la nature se joue dans ces beaux ouvrages, et que Dieu se plaît à se faire admirer dans ses créatures. »

Malheureusement, tous ces charmants oiseaux dont notre missionnaire peint les robes éclatantes, y compris le perroquet, qui souvent fait mentir ici sa réputation, sont aussi muets que des poissons. Combien j'aurais préféré, pour ma part, le plumage plus modeste et les douces voix de nos mésanges et de nos fauvettes!

— Il nous arrivait, mais plus rarement, de recevoir la visite de gros personnages, dont la présence jeta même parfois l'alarme dans notre camp.

Certaine nuit, entr'autres, un coup de feu nous tira tous de notre sommeil. En un instant, chacun fut sur pied. On sut bientôt la cause de cette alerte. Le soldat qui montait la garde devant le magasin aux vivres s'étant endormi, avait été réveillé tout à coup par la respiration bruyante d'un animal puissant « qui, disait-il, était aussi gros qu'un éléphant. » La peur, il paraît, fait voir les objets singulièrement agrandis, surtout à l'homme qui se réveille en sursaut. On reconnut, en effet, le lendemain, aux foulées laissées par l'animal sur le sol humide, que notre guerrier avait eu affaire à un *tapir* de belle venue.

Un autre jour, en plein midi cette fois, une bande de cochons *marrons*, qu'on appelle ici *paquiras*, fit irruption dans le camp. On en tua plusieurs dont on se régala. La chair du paquira est blanche et délicate, et a un petit goût sauvage, qui, au milieu de ces bois, semblait tout à fait de circonstance.

Les animaux qui venaient ainsi se jeter étourdiment parmi nous étaient, il faut l'avouer, les seules victimes qui tombassent sous nos coups.

Dans les chasses que nous faisions autour de

l'établissement, nous revenions toujours *bredouilles*, comme disent les chasseurs malheureux.

Mais Télémaque, qui nous accompagnait, s'éloignait de temps à autre, après nous avoir indiqué la direction à suivre, et nous rejoignait tantôt avec un *pac* ou un *agouti* [1], tantôt avec quelques *paraquois* ou des *marayes*. Quant au docteur, mon infortuné compagnon de chasse, et à votre serviteur, ils ne parvinrent jamais à apercevoir l'ombre d'un de ces animaux. Il faut, pour en approcher, être doué de la finesse de l'Indien, ou du nègre habitué à vivre dans ces bois. Ces gens-là connaissent les mœurs du gibier; ils savent où il mange, où il boit, où il dort; ils le suivent à la piste, en se tenant toujours sous le vent, glissent, comme des fantômes, dans ces solitudes, sans qu'une feuille sèche crie sous leur pieds nus, et arrivent presque à saisir à la main l'animal qu'ils poursuivent.

Plus tard, les oiseaux, qui avaient reconnu le danger de notre voisinage, ne venaient plus voltiger autour de l'établissement; le gibier, qu'effrayait une grande réunion d'hommes, se retira au fond de ses bois. Nous renonçâmes entièrement à

---

1. L'*agouti* est un rongeur comme le *pac*. C'est le lièvre du pays. Le *paraquoi* et la *maraye* sont deux espèces de faisans.

ces chasses, qui devenaient de plus en plus fatigantes, de moins en moins productives, et nous prenaient un temps que nous trouvions alors à employer plus utilement.

XV

Télémaque, notre maître *ès nature*, nous rendait dans nos excursions, un service plus sérieux, en nous apprenant à reconnaître à l'écorce et au feuillage les différents bois dont nous pouvions tirer parti pour nos constructions.

La Guyane possède d'immenses richesses en bois de grande durée et propres à toutes sortes d'usages.

Le *wapa* et le *wacapou* remplacent, dans le pays, la tuile et l'ardoise, et servent à couvrir toutes les maisons, grandes et petites.

Le bardeau de *wacapou*, retourné et *dolé* de nouveau, forme une toiture qui dure près de trente ans. C'est beaucoup, si l'on songe que, pendant certains mois de l'année, à des pluies torrentielles succède vingt fois par jour un soleil de feu, qui ferait se tordre et pourrir bien vite un bois moins dur et moins impénétrable que celui-ci. Le même bois, employé pour bâtir sur pilotis, se conserve un grand nombre d'années dans l'eau ou dans un sol humide. Le *balata*, le *panacoco*, le *cèdre noir*, et plus de cent autres espèces, sont aussi très-recherchés pour les constructions. On trouve encore, dans les forêts de la Guyane, des bois avec lesquels on ferait les plus beaux meubles du monde : le *satiné rubané*, le *lettre*, le *lettre moucheté*, le *moutouchi-grand-bois*, etc. J'en ai eu entre les mains des échantillons d'une telle splendeur, comme variétés de couleurs et de dessins, que je témoignais quelquefois mon étonnement de ne pas les voir employer pour nos riches ameublements d'Europe. On m'a toujours répondu que l'essai en avait été fait, mais que les ébénistes répugnaient à travailler ces bois, qui sont durs comme du fer, et nécessitent une telle main-d'œuvre que l'industrie n'y trouverait pas son compte.

La Guyane est presque entièrement privée de pierres à bâtir. Le marbre ne s'y rencontre nulle part : la nature semble avoir voulu la dédommager, en la dotant de ces bois qui ont une durée et une résistance inconnues dans nos climats.

La seule pierre dont on trouve à la Comté des

gisements, assez rares d'ailleurs et de peu d'étendue, est une espèce de roche ferrugineuse (limonite) qu'on appelle ici *roche-à-ravets*. Télémaque nous en indiqua des carrières non loin de l'établissement, qui devinrent pour nous une ressource précieuse, quand nous eûmes à élever des bâtiments d'un aspect un peu plus monumental que les simples baraques destinées au personnel libre comme aux transportés.

Rien de plus simple, en effet, que le mode d'architecture employé à la Comté.

Bâties sur un type uniforme, adopté pour la plupart des pénitenciers, ces baraques seule construction dont on s'occupât pour le moment, avaient toutes seize mètres de long sur six de large. Chacune de celles affectées aux transportés devait contenir trente-deux de ces hommes (ce nombre fut porté jusqu'à quarante dans les débuts). Elles étaient montées sur des *patins* (petits piliers) en briques ou en roche-à-ravet. Cette disposition avait pour but de les aérer davantage, et de mettre ceux qui les habitaient à l'abri de la grande humidité du sol.

Sous les cases du personnel libre, chaque groupe d'individus vivant en commun logeait son cellier, sa cave, et sa basse-cour; sous celles des déportés, on installa les ateliers peu encombrants, les outils, les charrettes, et, en attendant la construction des écuries et des étables, les bœufs et les ânes, qui nous servaient pour les transports.

Les deux premières baraques terminées furent occupées par les soldats et les ouvriers, qui y furent installés d'une façon un peu plus confortable que dans les cases en fer. L'état-major; (c'est-à-dire le capitaine B..., le docteur V... et moi), continua à habiter celles-ci, donnant ainsi l'exemple de la résignation aux misères inséparables d'une première installation, surtout dans les conditions où nous nous trouvions.

Un mois plus tard, nous pûmes cependant prendre, nous aussi, possession du logement qui nous était destiné. C'était une case toute semblable à celles des transportés, mais distribuée différemment.

Par un de ces petits escaliers en bois, dits *échelles de meunier*, placé au milieu de la façade, on arrivait à une étroite galerie de huit mètres de long sur deux de profondeur. C'est sur cette galerie, fermée par une rampe à jour, et que de grandes nattes vertes abritaient des rayons du soleil, que nous prîmes longtemps nos repas, après l'abandon des cases en fer, et avant une installation plus complète.

A droite et à gauche, sur les pignons, se trouvaient deux petits appartements, composés d'une pièce d'entrée de deux mètres sur quatre, et d'une chambre de quatre mètres de côté. Ces logements étaient réservés aux chefs de service. Au milieu de la baraque, deux chambres de quatre mètres carrés étaient occupées par les simples officiers. Ces baraques étaient parfaitement closes, et l'on s'y trouvait suffisamment protégé contre la grande humidité des nuits, les insectes et les *vampires*. Les murs extérieurs étaient faits, à la mode du pays, d'une sorte de clayonnage en lattes. Avec la terre glaise, qui forme le fond du sol de la Comté, on façonne un mortier, qu'on plaque sur les dites lattes. On fiche ensuite à la main, dans ce *bousillage*, de petits morceaux de pierre ou de brique, comme fait un cuisinier qui garnit de croûtes un plat d'épinards : de la sorte, quand cette boue vient à sécher, le retrait ne se fait pas sur toute la masse, mais sur les petites surfaces dessinées par les cailloux : ce qui fait prendre aux murs extérieurs l'aspect de ce cristal que les verriers appellent *craquelé*. C'est ainsi que sont bâties la plupart des cases de la Guyane, au moins à l'étage supérieur. Un bon enduit de ciment, étendu à la truelle, deux couches de lait de chaux sur les murs, et de peinture sur les fenêtres, et nous avions de petites maisons blanches, aux volets verts, dont la vue nous réjouissait, quand, après une excursion un peu longue, nous apercevions au retour notre établissement.

Par malheur, l'aspect gai et propret de nos demeures ne nous mettait pas à l'abri de la fièvre et des autres inconvénients de ce climat.

— Que vous devez être bien ici ! nous disait parfois quelque visiteur.

Hélas ! Le charme était encore à la surface, comme cela n'arrive que trop souvent dans ces pays ; au fond, l'amère réalité.

XVI

Cependant, vers la fin de juin, l'emplacement du camp était parfaitement nivelé ; quatre baraques en bois, entièrement terminées, ainsi qu'un four définitif pour deux cents rations. On commença alors à augmenter le personnel de l'établissement. Deux nouveaux employés vinrent grossir l'état-major. C'était M. W..., créole de Cayenne, nommé chef du service administratif, et M. *Vernier*, conducteur des ponts et chaussées, chargé de faire le lever à grande échelle des terrains sur lesquels devaient se fonder les établissements (des enthousiastes ou des flatteurs disaient : *les villes futures*) de la Comté.

L'arrivée de M. Vernier fut une bonne fortune pour moi. Au milieu de ces bois, sevré de toutes les distractions de la vie civilisée, on a grand besoin d'épanchement et d'intimité. Sous ce rapport, l'amitié de Télémaque ne m'était pas, on le suppose bien, d'une ressource suffisante.

Je trouvai en M. Vernier un homme instruit, aux mœurs douces, au commerce facile, dont le mérite n'avait d'égal que la modestie. C'était, sous des dehors un peu timides, une de ces natures fortement trempées, qui joignent une volonté énergique à un tempérament de fer.

Peu d'Européens eussent résisté aux fatigues qu'il eut à supporter sous le climat meurtrier de la Comté. Pendant quatre mois que dura son grand travail, il partait du camp, chaque jour, à cinq heures, au milieu de la demi-obscurité et des brouillards du matin. Je le vois encore, toujours d'humeur gaie, prenant son *café-noir*, avant de se mettre en route ; les longues guêtres serrées autour des jambes, la tête couverte d'un large chapeau de paille, et le *sabre-d'abatis* au poing.

Deux nègres lui servaient d'acolytes, comme les officiers de M. de Marlborough. L'un portait, dans un pagara, son modeste déjeuner ; l'autre, sa boussole de nivellement, sa chaîne et ses jalons. Il ne rentrait au camp que le soir, à la nuit tombante. Après s'être débarrassé de ses vêtements, souvent trempés par la pluie, toujours déchirés par les ronces, il venait s'asseoir à notre table, aussi gai et aussi dispos que le matin.

C'était pourtant un rude et fatigant métier que celui qu'il faisait chaque jour, pour le recommencer le lendemain. Les levers à la Guyane, où la vue est bornée par la forêt, qui s'étend de tous côtés, ne peuvent se faire que par cheminement; c'est-à-dire en couvrant le terrain de lignes, dont on détermine la forme, et dont l'ensemble donne la configuration du pays. Ce travail est fort long partout; il devenait d'une excessive difficulté dans la partie de la Comté dont M. Vernier faisait la topographie.

Nous avons dit que dans les *grands-bois* où n'a jamais joué la hache, on ne rencontre aucun obstacle, et qu'on y marche comme à travers une immense colonnade sous un dôme de feuillage qui ne se dépouille jamais; mais dans les lieux où les rayons du soleil ont pu parvenir jusqu'au sol, il n'en est plus de même : la terre est couverte d'une végétation drue et serrée; de petits arbustes aux branches flexibles, des lianes de toutes sortes s'y entrelacent d'une façon tellement inextricable, qu'on n'y peut avancer que le sabre d'abatis à la main, et en traçant un sillon qui, quelques jours après, s'est refermé derrière vous.

Ces *gniaments*, comme on les appelle à la Guyane, se rencontrent généralement sur les bords des *pripris* ou savanes noyées, aux environs des habitations mal entretenues ou abandonnées, et dans les anciens abatis. C'est là que se réfugient les reptiles de toute espèce, parmi lesquels des serpents très-vénimeux; c'est là qu'insectes et guêpes de toutes formes construisent leurs ruches et établissent leurs républiques. Vernier nous disait qu'il était souvent forcé de changer de direction pour éviter ces terribles adversaires. J'ai vu, en effet, à la chasse, des chiens, dont la peau est pourtant plus dure et plus à l'abri des piqûres que la nôtre, se rouler sur le sol, en poussant des hurlements de douleur, quand tout un essaim de guêpes se précipitait sur l'imprudent animal, qui avait agité, en passant, la branche qui soutenait leur nid. Parmi ces guêpes, celles qu'on appelle à la Guyane, *mouches à dague*, sont d'une telle grosseur et si formidablement armées, qu'il y aurait un réel danger à être assailli par un de leurs essaims.

Là ne se bornent pas les agréments des gniaments : dans les grands-bois, quoique la brise n'agite que la cime des arbres, l'ombre éternelle entretient encore quelque fraîcheur; dans les gniaments, l'air, enfermé dans un espace restreint, et chauffé directement par un soleil de feu, atteint une température dont n'ont aucune idée ceux qui n'ont pas habité ces climats brûlants. On pourrait se croire dans la fournaise des Machabées.

Tels sont les lieux charmants dans lesquels notre ami Vernier fit, pendant quatre mois, la topographie de la Comté.

Mais « *Mouché Vénié passé nègue* » (Monsieur Vernier est passé nègre), disaient les naturels de l'endroit. Il faut le croire ; car c'est à peine s'il changea deux fois de peau pendant ces quatre mois. C'est là pourtant l'effet le moins dangereux du soleil de cet aimable pays. Sous l'influence de ses rayons, la peau devient aussi brillante et aussi rouge que si on l'avait enduite d'une couche de vermillon, puis elle gonfle et se fendille, en se couvrant d'une poussière farineuse. On peut alors la prendre entre le pouce et l'index, et l'enlever par longues lanières. On appelle cela *attraper un coup de soleil.* Un Européen, nouvellement arrivé, n'en serait certainement pas quitte à si bon marché, et gagnerait, au métier que faisait Vernier, quelque fièvre pernicieuse qui l'enverrait vite *ad patres*.

On croira peut-être que, le soir venu, notre ami goûtait un repos qu'il avait bien gagné. Il n'en était rien. Plusieurs fois j'eus à faire des rondes pendant la nuit. Une petite lumière brillait à une des cases en fer, au milieu des brouillards. C'était cet infatigable travailleur qui transcrivait ses *cotes*, ou dessinait le terrain levé les jours précédents. Nous éprouvions une réelle admiration pour cette nature courageuse, toujours soutenue par le sentiment du devoir. On ne fit rien cependant pour cet employé, aussi instruit que modeste, aussi dévoué que peu exigeant. Les choses ne vont pas autrement à la Guyane qu'ailleurs : le mérite qui s'efface est souvent moins récompensé que la médiocrité qui sait se faire valoir [1].

1. Depuis mon retour en Europe, j'ai eu quelquefois des nouvelles de mon ancien compagnon des bois. M. Vernier rend toujours à la Guyane d'infatigables services. Il a remplacé

Si je me suis permis de vous présenter Vernier, cher lecteur, c'est moins comme ami que comme type d'un de ces rares Européens qui sont parvenus à se faire au pays au point d'y supporter des fatigues que les noirs et les Indiens endurent seuls, avec plus ou moins de difficulté. A peine cite-t-on, à l'heure présente, deux ou trois hommes acclimatés comme M. Vernier, et on conserve à la Guyane le souvenir de ceux qui, « *passés nègres*, » ont vécu de longues années dans les *quartiers*, et y sont morts à un âge très-avancé.

Malouet, entr'autres, cite dans ses Mémoires un nommé *Popineau*, ancien soldat français, qui s'é-

---

longtemps M. le colonel *Charrière* dans la direction des *placers* de l'*Arataye*.

En septembre et octobre 1858, chargé de procéder à la reconnaissance des terrains situés entre les rivières de *Mana* et du *Maroni*, dans la partie inférieure de leurs cours; c'est-à-dire entre le bourg de *Mana* et la *Pointe-Française*, grand banc de sable situé à l'entrée du *Maroni*, il a vécu pendant ces deux mois dans les bois, couchant à la belle étoile, dévoré par des nuées d'insectes, ayant pour toute nourriture des *macaques* et des *singes rouges*, pour seule boisson de l'eau plus ou moins infecte, pour uniques compagnons six noirs du bourg de *Mana*.

Pour toute récompense, M. Vernier a gagné à cette expédition une blessure au genou dont, m'a-t-on dit, il se ressent encore... Aujourd'hui, il dirige le service des Ponts et chaussées, depuis la pointe de *Macouria*, en face de Cayenne, jusqu'au *Maroni*. Puisse ce souvenir d'un ami lui arriver dans ces solitudes!

tait retiré sur les rives de l'*Oyapock*, où il fut économe des R. P. jésuites jusqu'au moment de la confiscation de leurs biens. Il avait épousé une mulâtresse célèbre, que son influence sur les Indiens avait fait surnommer « la Reine du Haut-Oyapock. » Quand, en 1777, Malouet alla visiter cette partie de la Guyane, le vieux soldat lui prouva (il avait alors cent dix ans) qu'il avait combattu à *Malplaquet*. L'ordonnateur dit que, saisi de respect à la vue de ce glorieux débris de la bravoure française, il se jeta à genoux et reçut sa bénédiction.

On parle encore d'un autre de nos compatriotes, nommé Jacques *Pleissonneaux*, dit *Jacques des Sauts*, qui habitait au-delà des *Sauts* de je ne sais plus quelle rivière, et y mourut à l'âge de cent-douze ans. Mais ces exemples d'Européens arrivant à une pareille longévité sous ces climats sont de rares exceptions, qui se montrent de loin en loin, et ne prouvent rien, quant à l'acclimatement des blancs, comme cultivateurs (car c'est surtout là le point controversé) dans les régions intertropicales. Dans la ville de Cayenne, ou dans ses environs, sur un promontoire bien défriché, balayé et assaini par les brises de la mer, certains Européens, en s'astreignant à de grandes précautions hygiéniques, et en faisant usage d'une nourriture saine et fortifiante, peuvent se porter presque aussi bien que dans nos régions tempérées, même en se livrant journellement à un travail de manœuvre. D'autres, au contraire, sans mal apparent, s'affaiblissent peu à peu, dépérissent et meurent, comme des arbres transplantés dans un sol et sous un climat qui ne leur convient pas. La population créole elle-même est généralement débile. Nous avons donné ailleurs une des raisons de cet appauvrissement de la race. Cependant, quoique la vie, chez les habitants du pays, semble moins puissante que dans nos climats, elle est souvent d'aussi longue durée. En admettant pour l'existence humaine la même analogie que les physiologistes trouvent entre la respiration et la combustion, on peut dire que, bien que la lampe éclaire moins vivement ici que dans une atmosphère plus riche, elle ne s'éteint pas plus tôt pour cela.

Si l'almanach de Cayenne de 1822 tombe jamais entre les mains du lecteur, je l'engage à y lire une notice historique, très-bien faite, sur « les établissements entrepris à la Guyane depuis leur fondation jusqu'à ce jour, par M. Metteraud, habitant de cette colonie. » Il y verra deux remarquables exemples de longévité.

Après avoir raconté l'histoire du pays jusqu'à la prise de Cayenne, en 1672, par les Hollandais, « M. Metteraud ajoute : » Les anecdotes relatées dans les chapitres précédents et recueillies dans les différents mémoires sont assez conformes à ce que me racontait mon aïeule maternelle durant mon enfance. Elle a vécu environ cent quinze ans, elle a été témoin, dans son extrême jeunesse, des horreurs qui se sont passées sous les *Douze Seigneurs*. Elle était petite fille du Capitaine *Cépeyrou*, [1] tué à la tête de ses compagnons, en défendant ses foyers. Son village était situé dans l'endroit où l'on bâtit depuis la ville de Cayenne. Mon aïeule a été entretenue par ses parents de ce qu'ils avaient vu de plus frappant au commencement de nos établissements de la Guyane. Ainsi elle avait, par tradition et par sa présence, une connaissance sommaire des faits qu'elle m'a communiqués. »

Or, les *Douze seigneurs* qui assassinèrent pendant la traversée leur chef, le sire *de Royville*, et jetèrent son cadavre à la mer, abordèrent à Cayenne, le 29 septembre 1653. De 1653 à 1822, il y a cent-soixante-neuf

---

1. A l'extrémité de l'étroite presqu'île, sur laquelle est bâti Cayenne, s'élève un mamelon isolé. Le petit fort qui en occupe le sommet s'appelle encore aujourd'hui fort *Cépeyrou*, du nom du capitaine indien dont il est ici question.

ans. Compte-t-on, en 1865, beaucoup d'hommes en France qui pouraient raconter, comme le tenant de la propre bouche de leur aïeule, les faits et gestes du *Roi-Soleil*, en l'an de grâce 1696 ?.

On cite donc des exemples de Créoles et d'Européens qui ont vécu à Cayenne, et même dans les parties centrales de la Guyane, jusqu'à un âge très-avancé. Mais, nous le répétons, ce sont de bien rares exceptions. Presque toujours, surtout quand on habite les *quartiers*, l'anémie vous atteint au bout de peu d'années. Il faut alors se hâter de regagner l'Europe, ou, si on ne le peut, se résigner à mourir sur la terre de la Guyane.

XVII

Le 25 juillet, notre ancienne connaissance, *l'Oyapock*, un jour poisson d'eau salée, le lendemain poisson d'eau douce, mouillait devant *Cacao*. Dès que l'aviso fut en vue, nous hissâmes le drapeau tricolore à un simple tronc d'arbre, planté sur la crête du talus, du côté de la rivière. *L'Oyapock*, qui portait au mât *d'artimon* la flamme qui annonçait la présence du Gouverneur à son bord, nous rendit notre salut.

On ne saurait croire combien, sans être pour cela atteints de chauvinisme, nous éprouvions de plaisir à voir se déployer, dans ces bois, ce chiffon aux trois couleurs. On suppose bien que ce n'est pas le puéril orgueil de voir flotter le drapeau de notre pays sur ces forêts malsaines, que personne ne nous dispute, qui nous faisait battre ainsi le cœur. Mais la vue de ce drapeau réveillait en nous tous les souvenirs de la patrie. Le dimanche, quand on le hissait à la même place, sur notre front de bandière, nous rappelant que, le même jour, ce même drapeau flottait, dans nos ports de mer, à la façade de nos monuments publics et aux mâts de nos vaisseaux, il nous semblait que la brise de France, qui en avait agité les plis, arrivait jusqu'à nous, pour rafraîchir nos poitrines épuisées. C'était un court moment d'illusion : on quittait, par la pensée, ces bois inhabités, où l'on vivait de privations, où l'on mourait de fièvre paludéenne, on revoyait le ciel de la patrie, on en touchait le sol, on en respirait l'air béni.

Ne riez pas, chers lecteurs ! Il nous fallait souvent, comme au soldat en campagne, nous griser de souvenirs, pour nous aider à supporter nos misères du moment.....

Ce n'était pas la première fois que *l'Oyapock*

amenait à Cacao le gouverneur de la Guyane. Peu s'en était fallu même que le précédent voyage ne devînt tristement célèbre... On allait prendre possession de l'établissement. M. le lieutenant de vaisseau Carpentier venait de terminer jusqu'au plateau, qu'avait choisi le capitaine K..., l'hydrographie de la Comté. Il avait donné au gouverneur l'assurance qu'en toute saison, il pourrait atteindre ce point du fleuve avec le petit bateau qu'il commandait. Le fait était capital. Le ravitaillement des grands établissements, qu'on comptait fonder là par la suite, en dépendait. L'Amiral voulut s'assurer par lui-même de l'exactitude de cette exploration hydrographique. *L'Oyapock* remonta donc la Comté jusqu'à Cacao, ayant à son bord le Gouverneur, le commandant du génie, le directeur des pénitenciers et le *R. P. Hus*, supérieur de la mission des Jésuites. Le voyage s'effectua sans encombre, comme l'avait annoncé le commandant Carpentier.

On était dans la saison des grandes pluies. Il semble alors, pendant des mois entiers, que la terre va disparaître sous un nouveau déluge. Les rivières qui coulent à travers ces immenses forêts se gonflent non-seulement des eaux qu'elles reçoivent directement, mais de celles que leur apportent des milliers de criques qui se déversent dans leur sein. En quelques heures, leur niveau s'élève souvent de plusieurs mètres; tous les terrains peu élevés sont inondés, et, dans le lit du fleuve, les courants (on dit à la Guyane les *doucins*) atteignent la rapidité de la foudre.

L'Amiral, après avoir visité le plateau du futur établissement, revenait à bord, quand le canot qui le portait, lui et sa suite, entraîné, malgré les efforts des pagayeurs, par la violence du *doucin*, alla heurter contre une des amarres de *l'Oyapock*. Il fut chaviré en une seconde, et tous ceux qui s'y trouvaient, précipités dans la rivière. La Guyane aurait pu (catastrophe inouïe dans ses annales) se voir privée le même jour de tous ses chefs de service. Personne ne se noya pourtant. On en fut, heureusement, quitte pour la peur et pour un bain, qui n'offre aucun inconvénient, même pendant l'*hiver*, l'eau du fleuve ayant une température qui ne s'abaisse jamais au-dessous de vingt degrés.

Depuis cette aventure, les nègres de la Comté ont toujours soutenu que l'amiral B... avait un *quienboi* [1], ou qu'il avait fait un pacte avec *maman di l'eau*.

---

1. Le *quienboi* ou *piayé* est une amulette qui préserve de tout danger celui qui la porte. La *maman di l'eau* est une sorcière

Il est certain que l'orsqu'on tombe dans la Comté par les *doucins*, et qu'on n'a pas signé de pacte avec la *maman di l'eau*, il faut être un bien intrépide nageur pour se tirer d'affaire.

Deux ans plus tard, au mois de février, du débarcadère de l'établissement de *Saint-Augustin*, dont nous aurons à parler, tomba à l'eau un gendarme nommé *Bastien*. En quelques secondes, on

qui vit dans le fleuve. Elle apparaît quelquefois dans les brouillards de la nuit et entraîne dans sa demeure sous-marine ceux qui refusent de se donner à elle. Elle sauve, au contraire, dans les moments de détresse, disent les nègres, ceux qui, comme l'amiral B... ont signé le pacte.

Les *Ilets Régis*, que nous avons aperçus en remontant la Comté, passent pour être habités par une *maman di l'eau*.

Les nègres de la Guyane ont ainsi une foule de croyances superstitieuses, nées dans leur propre imagination, importées d'Afrique par leurs ancêtres, ou empruntées aux Indiens qui habitaient primitivement le pays. Nous avons parlé des *mourios*. Il y a encore à la Guyane un oiseau au noir plumage, qu'on appelle *oiseau-diable*. Le père Grillet raconte qu'une nuit, à la fin de l'année 1674, étant couché dans un carbet avec des Indiens, un d'eux, entendant un oiseau crier dans le grand-bois, dit tout bas à son voisin : « Voilà le Diable qui crie. »

« Les Indiens, ajoute le missionnaire, prétendent qu'on peut voir les Diables et que leurs médecins ou *piayes*, (ils nomment indifféremment ainsi le sorcier, ou le sortilége) les tuent à coups de bâton. C'est dans cette vue que les *Nouragues* avaient placé une figure d'homme sur le chemin par où ils pensaient que le Diable venait la nuit, et les rendait malades de la fièvre, afin qu'il s'amusât avec ce fantôme, le prenant pour un Nourague, et que leurs médecins qui veillaient l'aperçussent et le tuassent. »

le vit, roulé par le courant, apparaître plusieurs fois à la surface et disparaître pour toujours. On explora en vain, à une lieue de distance, le lit du fleuve. Ce ne fut que huit jours après que le cadavre revint à la surface. En cherchant sur la rive gauche de la Comté, on trouverait, cachée aujourd'hui sous les lianes, une croix en wacapou, qui indique la place où fut enterré ce malheureux.

Mais au moment où *l'Oyapock* abordait pour la deuxième fois à Cacao, la saison sèche avait commencé depuis plus de six semaines, on était à l'époque des basses eaux. La navigation en pirogue n'offre alors aucun danger et s'effectue facilement de Cayenne à Cacao. C'était, au contraire, le moment où *l'Oyapock* éprouvait le plus de difficultés pour faire ses voyages. On devait souvent, pour franchir certains passages, attendre le moment de la haute-mer qui refoule jusqu'aux premiers *sauts* les eaux de la Comté. Quelquefois l'heure du *flot* ne permettait pas d'arriver à Cacao dans la même journée; il fallait alors coucher dans le fleuve. On amarrait le bateau par l'avant et l'arrière à deux arbres de la rive, et comme les *cabines* et le *carré* ne pouvaient loger tout le monde, la plupart des passagers couchaient à la belle étoile.

Le seul endroit réellement difficile à passer se

trouvait, en aval et à deux mille mètres environ de Cacao. Il y avait là une série de rochers (*les roches Claudine, Dupoy*, etc.), que les eaux noyaient complétement dans la saison des pluies, mais jamais assez pour que *l'Oyapock* pût s'aventurer ailleurs que dans l'étroit chenal qui les séparait. Comme la rivière fait, un peu au-dessus de ces roches, un coude assez prononcé, le bateau, quand il retournait à Cayenne, arrivait là au moment d'un virement de bord et sous la poussée du courant, qui décrit un angle aigu avec la direction du chenal. La manœuvre devenait alors assez périlleuse. Cependant *l'Oyapock*, d'abord, et plus tard l'*Économe* et *le Surveillant*, petits bateaux à vapeur à haute pression, qui le remplacèrent, ne firent jamais d'avaries graves, dans leurs nombreux voyages à la Comté.

Parfois seulement le navire, après avoir franchi les roches, ne *revirait* pas assez vite et allait donner de la proue dans le talus de la rive opposée. On en était quitte pour quelques bouts de vergue cassés. Les mâts et les cordages se mêlaient au feuillage des grands arbres, dont les branches, chargées de verdure, s'abaissent jusqu'au niveau du fleuve; le commandant Carpentier criait : « Machine en arrière ! » Armés de longues perches, les matelots, aidaient à dégager le bâtiment, et *l'Oyapock* se remettait en route. Telle était cette navigation, un peu primitive, on l'avouera, pour une navigation à vapeur.

On a vu, par le récit de notre voyage en pirogue, qu'on se rend de Cayenne à Cacao en naviguant constamment en rivière. Une fois constatée la possibilité de faire remonter *l'Oyapock* jusqu'à l'établissement, on était donc certain d'y pouvoir arriver « contre vent et marée » comme disent les matelots. C'est ce qui n'avait pas lieu pour les autres pénitenciers. Quelquefois, à cause de l'état de la mer, toute communication se trouvait interrompue entre le chef-lieu et les îles du Salut, l'Ilet-la-Mère et les établissements de l'Oyapock (*Saint-Georges* et la *Montagne d'argent*). Cette possibilité d'approvisionner en tous temps, et facilement à l'aide de chalands, les établissements qu'on y fonderait était, je crois, la principale raison qui avait fait préférer la *Comté* [1] aux autres quartiers de la Guyane, pour y établir les transportés.

1. La *Comté* portait autrefois un nom indien, comme la plupart des rivières de la Guyane (l'*Oyapock*, le *Mahuri*, etc). Elle s'appelait *Uvia* ou *Oyac*, nom qu'elle a conservé dans la partie de son cours située entre l'*Orapu* et le *Mahuri*. « En 1696, une escadre, commandée par monsieur de *Gennes*, arriva à Cayenne, de retour du détroit de Magellan, où l'on avait tenté un établis-

Cette raison aurait été bonne si l'on avait eu à choisir entre différents quartiers d'une égale salubrité; mais de tout temps, la Comté a joui, sous ce rapport, de la plus déplorable réputation : aussi les habitants de Cayenne s'étonnaient-ils qu'on se fût décidé à jeter l'œuvre de la transportation dans

---

sement qui n'avait pas réussi. Ce monsieur de Gennes sollicita, à son retour en France, une concession dans la Guyane, et le Roi, par lettres patentes du 19 juin 1697, lui accorda cent pas de terrain tout le long de la rivière d'*Oyac*, du côté des *Amazones* et jusqu'à sa source, pour en jouir à perpétuité, lui et ses descendants. Monsieur de Gennes cultiva sa concession avec soin, y fit beaucoup de dépenses, y construisit même des moulins à scier des bois : en considération de tous ces travaux et de l'intention qu'il avait d'établir deux batteries pour défendre l'entrée du *Mahuri*, la demande qu'il fit au roi d'ériger sa concession en *comté* lui fut accordée par lettres datées de Versailles du mois de juillet 1698. Elles lui permettaient d'établir un juge pour rendre la justice, avec appel au Conseil Supérieur de la Martinique. Le roi lui accordait encore exemption du droit de capitation pour les nègres qui travailleraient sur sa concession, jusqu'à la concurrence de cent cinquante. C'est là l'origine du nom que porte le quartier que nous appelons la *Comté*, et qui dans le principe se nommait d'*Oyac* et la *Comté de Gennes*. Ce malheureux monsieur de Gennes est le même qui, en 1702, commandait à Saint-Christophe, quand la partie Française fut prise par les Anglais. Il fut jugé à la Martinique, y fut déclaré atteint et convaincu de lâcheté, dégradé de noblesse et privé de la croix de Saint Louis. Il appela de ce jugement inique, partit pour la France, mais fut pris par les Anglais, et alla mourir à Londres. Le roi réhabilita sa mémoire, et accorda des pensions à sa veuve et à ses enfants. (Almanach de la Guyane Française, pour l'an de grâce. MDCCCXXI.)

une des parties les plus malsaines du pays. « Il est probable que l'Amiral a été entouré de faux renseignements, disaient les uns. — Certain propriétaire d'habitation dans l'Oyac, haut fonctionnaire de la colonie, qui, au beau temps du girofle, vivait à Paris des gros revenus que lui donnaient ses plantations, a été pour beaucoup dans ce choix, ajoutait-on. Il espère se débarrasser, un jour, au profit de l'État de terres qui n'ont aujourd'hui aucune valeur. — Le gouverneur sait à quoi s'en tenir sur la salubrité de la Comté, disaient les autres; mais il a été séduit par la facilité qu'on aura pour communiquer avec le chef-lieu et s'installer sur les anciennes habitations. Quant au climat, il croit qu'il sera heureusement modifié, quand un grand espace aura été défriché. »

C'étaient les plus bienveillants, et en bien petit nombre, qui raisonnaient ainsi. Mais devant le choix de la Comté, presque tout le monde se demandait à la Guyane (comme devant le choix de la Guyane, bien des personnes se sont demandé en France), « si le gouvernement avait pour but de se servir du pays, comme d'un bourreau, pour se débarrasser le plus vite possible des condamnés? » Cette question, des hommes, qui passent dans le monde pour des personnages sérieux, nous l'ont faite à nous même, depuis notre retour de la Guyane.

En vérité, le gouvernement est fort au-dessus de pareilles suppositions. Il nous a fallu cependant discuter chaudement, pour prouver parfois à ces gens *sensés* qu'il n'avaient pas le *sens* commun.

Que le gouvernement ait voulu débarrasser la France de toutes ses scories, et augmenter la sécurité des citoyens, en éloignant du pays des hommes dangereux en tout temps, et surtout aux jours d'incendie et d'émeute, personne n'en doute et nul ne songe, je pense, à l'en blâmer. Mais supposer que, lorsque la justice a prononcé, le pouvoir vienne aggraver la peine : que, lorsqu'un homme a été condamné à dix ans de travaux forcés, par exemple, on l'envoie sciemment à une mort lente et certaine, c'est calomnier bien légèrement le gouvernement de son pays.

Aurait-on trouvé, d'ailleurs, des officiers Français pour s'occuper de cette œuvre, si elle avait eu un pareil but ?

Nous, qui avons vu les choses de près, qui avons été témoin de la façon dont étaient traités, logés et nourris les condamnés, des précautions qu'on prenait, pour leur conserver la santé, des soins dont on les entourait, dès qu'ils étaient malades; nous qui avons assisté aux sacrifices de tous genres qu'on a faits pour mener cette œuvre à bien, nous pouvons affirmer que le gouvernement qui l'a entreprise, que le gouvernement qui veut donner à ces *parias* de la société un patrie nouvelle, où ils puissent se régénérer par le travail, a un but, non-seulement avouable, mais grand et généreux.

Reste à savoir si le choix de la Guyane, comme lieu de transportation, était heureux (mais avait-on le choix?) si, la Guyane adoptée, on a installé les transportés dans les lieux les plus propres à les recevoir; si les choses ont été entreprises et conduites d'une manière rationnelle; si les Gouverneurs, à leur arrivée dans la colonie, ne s'engouaient pas trop facilement de telle ou telle localité, pour jeter ensuite le manche après la coignée; si enfin le Gouvernement métropolitain n'était pas quelquefois trompé par ses agents, sur lesquels, dans l'organisation coloniale actuelle, il n'exerce pas peut-être un contrôle assez sérieux?...

Mais nous voilà bien loin de *l'Oyapock*. Pendant cette trop longue digression, le petit aviso a mouillé en face de Cacao. Le canot qui porte le Gouverneur et sa suite, aborde au *dégrad*, où sont rangés en grande tenue pour les recevoir les quelques employés de l'établissement.

XVIII

Quand la baleinière de *l'Oyapock* toucha la rive, nous vîmes l'amiral B... en descendre en simple chemise de laine. C'était le vêtement que nous portions nous-mêmes habituellement. Malgré la chaleur, c'est le seul qui convienne dans ce pays d'excessive humidité. Les Indiens et les nègres n'en mettent point d'autre. Ils portent, eux, la laine directement sur la peau, contact que celle de l'européen endurerait difficilement par ces températures tropicales.

En adoptant notre costume de tous les jours, le Gouverneur voulait nous montrer, sans doute, que c'était moins le chef de la colonie que l'ouvrier travaillant à la même œuvre que nous, qui venait nous visiter. Nous lui sûmes gré de l'intention. C'est ainsi qu'en campagne un général sait plaire à ses soldats, en se couvrant, non d'un habit brodé, mais de la capote usée par la vie des camps. L'Amiral nous engagea à quitter nos uniformes, que nous avions endossés pour la circonstance. Nous reprimes nos chemises de grosse laine, sur lesquelles seulement des *attentes* indiquaient que nous faisions partie de l'état-major du pénitencier.

Ce changement de tenue opéré, on se mit à visiter les différents chantiers. L'Amiral examina en détail les travaux exécutés et en parut satisfait. Il parcourut ensuite toute la partie déboisée, suivit le cours de la grande crique, gravit la petite colline voisine de l'établissement. Son but était de bien se rendre compte de la configuration du terrain, afin d'arrêter en conséquence le plan du futur établissement. Nous rentrâmes au camp vers cinq heures.

Avant le diner, il fut tenu, dans le carbet qu'occupait le capitaine B..., une sorte de petit conseil de guerre. La carte au $\frac{1}{5000}$ du plateau, dressée par Vernier, fut étalée sur la table. Le Gouverneur y marquait au crayon l'emplacement des différentes constructions à élever, et nous exposait, en même temps, le système qu'il voulait adopter pour les pénitenciers de la Comté.

L'établissement, appelé jusque-là *Cacao*, reçut le nom de *Sainte-Marie*.

Il devait, d'après le plan de l'Amiral, se composer de trois parties bien distinctes... Après avoir gravi la berge qui dominait le fleuve, on rencontrerait d'abord quatre des baraques que nous avons décrites. On les destinait à loger l'état-major, la gendarmerie et un détachement d'infanterie. Sur la gauche, en regardant la rivière, à l'embouchure de la petite *Crique*, devaient s'élever de vastes magasins, pouvant contenir tout le matériel, les outils, et des vivres pour trois mois.

A soixante mètres environ de cet ensemble de constructions, s'étendait le *camp des transportés*... C'était un grand carré long, formé de seize baraques, placées sur deux rangs... Elles étaient de mêmes dimensions que celles du *personnel libre* et avaient, comme elles, leurs façades parallèles à la crête du plateau. Leurs pignons dessinaient une grande rue, au centre de laquelle on devait construire immédiatement un vaste hangar, de trente-six mètres de long sur quatorze de large. Dans la semaine ce hangar était destiné à mettre à l'abri les ateliers. Le dimanche, il se convertissait en *Église paroissiale*.

Une forte palissade en pieux de *wacapou* devait enfermer le camp des transportés, aux angles duquel, commandant les faces du rectangle, s'élevaient quatre *blockhaus* en bois dur. Enfin, en arrière de cette enceinte, avant d'ariver au *grand-bois*, on rencontrait encore d'autres baraques. C'étaient les casernes des *surveillants*, le logement de l'aumonier, celui des Sœurs de charité, l'infirmerie, l'hôpital et ses annexes.

Tel fut, tracé sur le papier, le devis d'après lequel fut bâti le premier établissement de la Comté. Ce devis fut si exactement suivi, que le lecteur peut se figurer, d'après les lignes qui précèdent, ce qu'était Sainte-Marie, deux ans après la visite du Gouverneur. Le plan en avait été conçu d'après le système de *pénitencier fermé*, adopté déjà par l'amiral B... pour les condamnés internés à la *Montagne d'argent*, à quelque distance de l'embouchure de la rivière Oyapock.

Cette enceinte palissadée, ces blockhaus aux angles, indiquent assez que le pénitencier dont on traçait le croquis n'était pas destiné aux hommes, à l'aide desquels on devait tenter les véritables essais de colonisation. L'établissement devait être, en effet, occupé, en dernière analyse, par des *transportés de la première catégorie*. (On appelait ainsi, à la Guyane, les condamnés qui n'avaient pas fini leur peine. Il était même expressément défendu de se servir dans la correspondance officielle des mots *bagne* et *forçats*, pour désigner nos villes futures et leurs futurs citoyens.)

Le Gouverneur, après avoir bien arrêté la direction à donner aux différents travaux, nous annonça qu'il commencerait par envoyer à Sainte-Marie, dès qu'on pourrait les y loger, une centaine des *libérés*, actuellement internés à l'*Ilet-là-Mère*.

Dans tout établissement qui se fonde, le contact entre le personnel libre et les transportés est nécessairement plus immédiat que dans celui dont toutes les installations sont complètes, et où chaque catégorie d'individus occupe la place qui lui est définitivement assignée. L'Amiral croyait que ce contact aurait moins d'inconvénients avec des *libérés* qu'avec des *condamnés* n'ayant pas fini leur peine. Il pensait encore que la surveillance plus active qu'on doit exercer sur ces derniers serait très difficile, le jour, et impossible, la nuit, dans les conditions où nous étions en ce moment à la Comté; que les condamnés, astreints à un travail forcé et sans rétribution, pendant toute la durée de leur peine, seraient plus tentés de s'enfuir dans les bois que les libérés, auxquels on promettait de donner des concessions et d'assurer un sort plus heureux dans un très-prochain avenir; qu'enfin, si les premiers travaux étaient les plus pénibles et les plus dangereux, il seraient plus facilement supportés par les libérés, soumis à un régime moins dur, et jouissant d'une plus grande somme de liberté.

Pendant que ces libérés travailleraient au *pénitencier fermé* de Sainte-Marie, on devait les employer à défricher le terrain, à préparer les premiers baraquements d'un établissement voisin. Sainte-Marie terminé, avec ses fossés, sa palissade et ses blockhaus, les condamnés venant des îles du Salut ou de la Montagne-d'Argent y étaient envoyés, et les libérés prenaient possession du second établissement, où ils devaient jouir d'une liberté *surveillée* et recevoir des concessions *provisoires*.

Ces concessions seraient cultivées en dehors des journées de travail que l'État exigeait, pour se rembourser des vivres, des outils, de l'habillement, etc., qu'il fournissait à ces hommes, jusqu'au moment où ils pourraient se suffire à eux-mêmes.

La qualification de *surveillée*, appliquée à la liberté, et de *provisoires* aux concessions accordées aux libérés, a fait pressentir au lecteur que ceux de ces hommes qui auraient fini leur temps de surveillance, ou qui se recommanderaient par leur excellente conduite, devaient arriver encore, l'œuvre progressant, à une dernière position. Ils jouiraient alors d'une liberté *complète*, recevraient des concessions *définitives*; deviendraient en un mot de véritables colons. Les libérés occuperaient, à cette

12

époque, un troisième établissement. Il serait permis à ceux qui avaient une famille en France de la faire venir à la Guyane; aux autres de se marier dans la colonie, quand ils auraient prouvé que les produits de leurs terres ou de leur industrie suffisaient à faire vivre, eux et leurs familles.

Outre les trois établissements ci-dessus, un quatrième devait être crée, plus tard, pour les femmes condamnées, qu'on transporterait de France à la Guyane. C'est parmi elles que les libérés, non-mariés, pourraient choisir leurs *ménagères*.

Tel est, si je me le rappelle bien, le système, un peu compliqué peut-être, qu'on comptait suivre à la Comté, prenant l'œuvre *ab ovo*, pour la conduire à ses dernières conséquences.

Il serait oiseux de discuter, après huit années écoulées, les mérites de ce système; de se demander, par exemple, s'il était bien juste, en admettant que les dangers fussent plus grands dans les débuts, d'y exposer d'abord des soldats, puis des hommes ayant fini leur peine, et, en dernier lieu seulement des condamnés ; etc. etc.

Comme il fut prouvé depuis qu'aucun Européen ne pourrait résister longtemps au climat de la Comté, tout système, quelqu'ingénieux qu'il fût, devait crouler, du reste, devant ce *veto* de la nature, et il n'y avait concessions ni *provisoires*, ni *définitives* à faire, ni liberté plus ou moins *surveillée* à accorder, ni position meilleure à assurer aux transportés, dans un pays où il leur était impossible de vivre.

« A beau jeu, dira-t-on peut-être, qui parle après le fait accompli. » Cela est certain. Cependant il n'était pas nécessaire d'être un bien grand prophète, pour prédire dès les premiers mois, le sort réservé dans l'avenir aux établissements de la Comté.

Mais, sur les pénitenciers, nous autres hommes d'action, nous ne cherchions pas à deviner le résultat. Ce n'était pas notre affaire, pas plus qu'à l'officier subalterne de contrôler, devant l'ennemi, le plan de campagne de son général en chef. Tous faisaient de leur mieux le devoir du moment, et chacun avait de bonnes raisons pour se dire (au lieu de chercher à prévoir les malheurs du lendemain) : « A chaque jour suffit sa peine. »

XIX

Le travail de ce jour-là terminé, on se mit à table avec la gaieté que donne la conscience d'avoir bien fait sa tâche... L'Amiral avait accepté de partager notre modeste repas... Nous lui réservions quelques surprises culinaires qui ne devaient pas lui causer un médiocre étonnement.

A la vérité, la soupe et le salmis aux perroquets ne lui firent pas faire d'abord trop laide grimace. Il dit seulement, en riant, que « c'était là plats d'avocats, dont dame Ève avait certainement goûté dans le Paradis terrestre; etc., etc... »

Quoique notre Vatel leur eût laissé leurs becs aux couleurs éclatantes, pour donner plus de pittoresque à cette entrée exotique, les toucans à la purée d'*ignames* parurent déjà moins de son goût... Mais au rôti, il se récria, et déclara net que pour rien au monde il ne mangerait de ce « petit nègre. »

Ledit nègre était un singe que l'un de nous avait tué la veille. Et de fait, la queue enlevée, les bras ramenés sur la poitrine, le singe, cuit à la broche, ressemble à s'y méprendre à un tendre négrillon, préparé pour un banquet de cannibales. Nous, qui n'avions pas les préventions de l'Amiral, nous dévorâmes de fort bon appétit ce prétendu fils de Cham. Certainement, l'aspect du rôti pourrait être plus engageant; mais ne vous y arrêtez pas. Quand vous en aurez essayé une fois, vous direz, comme nous, que le singe est un gibier qui en vaut bien un autre. D'ailleurs, pour peu qu'on vive dans les *grands-bois*, on rompt bien vite avec les préjugés de la *Cuisinière bourgeoise*. Nous autres, à la Comté, tous bons Français pourtant, nous mangions parfois des feuilles de *patate-douce* et du *chou-caraïbe* en guise d'épinards. Souvent, non-seulement les singes, mais le *tamanoir*, *l'aï* ou *paresseux*, le *chat-tigre* etc. nous fournirent le rôti. On vit même, un jour, *immane nefas*, figurer sur notre table une friture de serpents!!

Ce n'était pas, à la vérité, un de ces hideux trigonocéphales, si redoutés dans certaines de nos Antilles. Il y avait, dans nos investigations gastronomiques, un peu de curiosité, et pas mal de forfanterie de jeunesse. Mais nous n'eussions pas poussé l'audace jusqu'à manger d'un de ces reptiles, dont le venin terrible tue aussi vite qu'un coup de poignard.

On rencontre à la Guyane de grandes couleuvres qui ne sont pas venimeuses. C'est sur l'une d'elles que se fit notre expérience *in animâ vili*. On l'avait tuée, la veille, non loin de sainte Marie. De la tête à la queue, elle mesurait dix-sept pieds, autant qu'il m'en souvient. Jolie taille, trouvions nous; *Télémaque* ne fut pas de notre avis. Il nous affirma, dans son patois nègre, que « celle-ci n'était

12.

qu'une jeunesse »! Quelques jours plus tard, notre camarade le capitaine *Danos*, chargé de tracer, de Cayenne aux établissements de la Comté, une route à travers les bois vierges, nous raconta, en effet, en avoir vu une qui lui parut dépasser trente pieds de long, et causa même une assez forte panique aux nègres qui l'accompagnaient. Si l'on admet comme véridiques les récits de certains voyageurs sur les mœurs terribles du *boa constrictor*, on trouvera fort innocentes, pourtant, celles de la *grande-couleuvre* des Guyanes. On raconte bien à Cayenne que des nègres, traversant des *pripris* (savanes noyées), ont disparu, enlacés par ces reptiles. Mais il faut se défier de ces histoires, nées le plus souvent dans l'imagination de gens qui éprouvent le besoin de grandir encore les dangers, bien assez grands, suivant d'autres, dont est assiégée notre pauvre espèce humaine.

L'aspect de la grande couleuvre guyanaise n'a rien, d'ailleurs, qui dénote les instincts féroces qu'on lui prête. Tout en elle semble, au contraire, doux et inoffensif. Sa peau, très-fine, est soyeuse au toucher, et peinte vers la queue de ces jolies nuances irisées, que donnent parfois quelques gouttes d'huile répandues sur de l'eau. La tête, d'un tout petit volume, est beaucoup plus mince que le reste du corps. Les yeux sont d'une douceur extrême. Quant à la gueule, elle parait à peine assez grande pour y loger le poing.

Ce serait donc, on le voit, par pure méchanceté, et non pour en faire sa proie, que la couleuvre étoufferait ainsi ceux qui se hasardent sur ses domaines. Il nous répugne de croire à tant de sournoiserie de la part d'un animal qui, en dépit de sa taille, semble plutôt timide que féroce, et qu'on a, peut-être, odieusement calomnié...

Quoiqu'il en soit, et sans vouloir, après avoir pris la défense de la couleuvre vivante, en faire encore l'éloge funèbre, en la préconisant comme denrée alimentaire, je puis affirmer, par expérience, que, frite, elle a fort bon goût. La chair en est un peu coriace; mais, habilement assaisonnée, elle ne le céderait en rien, peut-être, à celle de certains poissons très-appréciés des *ichtyophiles*. Tel était sans doute l'avis des transportés, que j'ai vus plus tard se régaler de la couleuvre, préalablement baptisée « anguille de haie »…..

Mais voilà que je sens la plume trembler entre mes doigts… Il me semble voir quelque lecteur atrabilaire, — il y en a, — fermer ici, d'un air de mauvaise humeur, ce pauvre livre, et l'entendre s'écrier : « Jour de ma vie ! me voudrait-on faire avaler une *couleuvre?* »

Quelle perspective pour un auteur ! Ma foi, tant pis. Puisque nous sommes en Amérique, *go a head*, comme disent messieurs les Yankees. Je laisse mon chapitre tel qu'il est, et n'y change rien, ayant la conscience de n'avoir pas mérité l'application du proverbe : « *A* beau... qui vient de loin... »

Cet infortuné chapitre était écrit, quand j'ai appris sur la grande couleuvre de la Guyane certaine histoire qui m'a fait singulièrement revenir de la bonne opinion que j'avais d'elle.

Madame T... de M..., une des plus gracieuses *Gouvernantes* qu'ait eues ce pays, me contait hier ce qui suit :

« Un bon gendarme allait à pied de la Pointe de *Macouria*, située en face de Cayenne, au bourg de *Kourou*.

» Tout à coup il voit passer devant ses yeux, plus rapide que le *lasso* d'un Mexicain, quelque chose comme un grand câble noir, et se sent étouffer par une étreinte formidable. C'était une couleuvre qui, d'un arbre de la route, s'était élancée sur lui, et l'enveloppait de vingt cercles de fer. Le combat entre l'homme et le reptile dura, paraît-il, plus d'une heure. Enfin, *Pandore* eut le dessus. Étant parvenu à tirer son sabre, il fut assez heureux pour en blesser mortellement son adversaire. »

— Vous l'avez vu, madame?

— Qui?... Le serpent?

— Non! *Pandore*.

— De mes yeux vu, et encore tout couvert de contusions et de morsures.

Couleuvre, ma mie, je te retire mon estime et rétracte tout le bien que j'ai dit de toi.

XX

Comme les chapitres dans un livre, les jours dans la vie se suivent et ne se ressemblent pas toujours.

Le lendemain même de celui que nous avions passé gaîment, en compagnie du Gouverneur et de sa suite, je me réveillai dans un état singulier. Il me semblait qu'un cercle de fer me serrait le front. Tous les objets prenaient autour de moi un aspect étrange. Comme si un chaînon de mon existence se fût brisé, je n'avais qu'un souvenir assez confus des événements de la veille. Bientôt, malgré la chaleur, un frisson terrible s'empara de moi, qui me faisait claquer les dents... Le docteur fut appelé.

— Ce n'est que la fièvre, me dit-il, je m'étonnais aussi de ne pas vous voir payer à la Comté le tribut qui lui est dû. L'échéance est généralement à sept, quinze ou vingt et un jours. Vous étiez fort en retard. L'intoxication a été plus lente ; l'accès n'en est que plus violent. Tranquillisez-vous cependant, ce ne sera rien.

Il me fit frictionner vigoureusement tout le corps avec je ne sais quelle drogue. Quatre ou cinq heures après, une sueur abondante se déclara, à laquelle succéda un profond abattement. On me fit alors avaler un gramme et demi de quinine dans une tasse de café noir. C'était la première fois de ma vie que je goûtais à cette amère substance, dont je devais absorber périodiquement d'énormes quantités par la suite, j'en gardai, tout le reste du jour, une affreuse amertume à la bouche.

Cependant, faisant un violent effort de volonté, je parvins, quoique troublé par une ivresse due plus à la quinine qu'à la fièvre, à me lever dans la soirée. Le lendemain, il fallut prendre encore une assez forte dose de quinine, et grâce à mon tempérament *anti-fiévreux*, j'en fus quitte pour une quinzaine de jours.

Je ne suis entré dans ces détails un peu personnels, que parce qu'ils donneront au lecteur une idée du genre d'empoisonnement auquel sont soumis dès le premier jour, et succombent à la longue les blancs, Européens ou Créoles, qui viennent habiter certaines parties de la Guyane.

Parfois, la fièvre prend un caractère *pernicieux*. Elle revient alors après de courtes rémittences. Il faut la combattre par des doses énormes (les médecins disent héroïques) de quinine. Si l'on ne parvient pas à l'enrayer, au troisième accès, le malade est fatalement emporté.

Il n'entre pas dans mon sujet de faire ici l'histoire pathologique des fièvres de la Comté; ce serait poutant celle des misères que nous y supportâmes. Et les fièvres n'étaient pas, malheureusement, les seules maladies à redouter. Sous l'influence de la chaleur humide qui les enveloppait, nos travailleurs, assez mal nourris et logés dans les débuts, contractèrent aussi d'affreuses dyssenteries.

Cette affection, très-commune aux Antilles, est assez rare cependant à la Guyane. Elle disparut, par la suite, quand les défrichements furent plus considérables, et les hommes mis à l'abri de l'excessive humidité des nuits, par une meilleure installation. Mais ce qui ne disparut, et ne disparaîtra pas de longtemps de ces pays, c'est la fièvre paludéenne et l'anémie tropicale, les deux vrais fléaux de ces climats.

On a donné, deux ans plus tard, l'invasion de la fièvre jaune pour cause du temps d'arrêt qu'avait éprouvé la marche de la colonisation par les transportés. La fièvre jaune a été ici comme un de ces hasards de guerre, que le général qui se fait battre est trop heureux d'invoquer, pour expliquer sa défaite. En 1857, à la suite de grands malheurs, on fut sur le point d'abandonner la Guyane, comme lieu de déportation. Je n'ai quitté ce pays qu'au mois de juin de la même année. La fièvre jaune en avait déjà disparu. Plusieurs de mes meilleurs camarades y avaient succombé à Cayenne ou dans les pénitenciers ; j'avais vu mourir, autour de moi, hommes libres et condamnés ; eh bien ! malgré ces souvenirs encore poignants, je le déclare ici : la *fièvre jaune*, pas plus que le *choléra*, pas plus que toute maladie épidémique, surtout quand elle est de celles qui sont peu sujettes à récidive, ne sera jamais, à mon sens, un obstacle insurmontable à la colonisation d'un pays.

Si le choléra visitait Paris tous les trois ou quatre ans, abandonnerait-on Paris pour cela? La fièvre jaune sévit périodiquement à l'embouchure du Mississipi. La Nouvelle-Orléans n'en est-elle pas moins devenue une grande et populeuse cité, riche et florissante, avant la guerre qui l'a ruinée?

Dans un pays où les maladies locales sont supportables, mais que les épidémies désolent souvent, on perdra certainement beaucoup de monde, mais au moins ceux qui auront échappé au fléau pourront vivre, travailler et coloniser. A la Comté, la fièvre jaune (le vomito-négro) a exercé d'assez grands ravages; mais ce qui a fait abandonner les établissements qu'on y avait édifiés à grands frais, ce ne sont pas ces ravages, mais les maladies inhérentes au sol lui-même. Au bout d'un séjour plus ou moins long dans cette partie de la Guyane, l'Européen le plus vigoureux dépérit insensiblement. Son teint acquiert une transparence maladive; ses lèvres, ses gencives, se décolorent; ses membres deviennent grêles, tandis que l'abdomen prend à leurs dépens un développement excessif. De là le dicton nègre appliqué à la Comté : « *gros boudin ké jambes fines* » (gros ventre et jambes grêles).

L'homme le plus robuste à son arrivée, vieux, usé, anémique, c'est-à-dire n'ayant plus de sang (*á* privatif et *aima* sang) succombe fatalement au bout de quelques années. Voilà pourquoi la Comté était un point mal choisi pour y établir les transportés; voilà pourquoi il a fallu l'abandonner.

Mais diraient ceux qui seraient à même de consulter les statistiques, la mortalité ne fut pas plus considérable d'abord, à la Comté que dans les autres établissements. Ce fait s'expliquera facilement, quand on saura qu'on avait soin d'évacuer immédiatement sur Cayenne, ou l'Ilet-la-Mère tout homme dont la santé était sérieusement compromise. C'était là une mesure de salut. Je le veux bien; mais il n'en résultait pas moins, que si le malade succombait, il ne figurait pas sur les régistres de mortalité de Sainte-Marie.

Comme les victimes qu'elle faisait allaient ainsi mourir sur d'autres points de la colonie, la Comté put jouir à ses débuts d'une réputation de salubrité relative, qu'elle méritait fort peu.

Il a existé aux Antilles un médecin militaire, lequel prétendait qu'il n'y avait fièvre jaune ni pernicieuse qui résistât à une diète absolue, aux applications d'eau froide et à la saignée. A ce régime meurtrier, il ne perdait pas beaucoup plus de malades que ses confrères. Il faut dire qu'il avait soin d'en expédier bon nombre sur les navires qui

partaient pour France. Les soldats qui savaient à
quoi s'en tenir sur la valeur de la méthode appelaient ce *Sangrado* le *fossoyeur*, comme ils auraient, dans leur langue énergique, baptisé la
Comté du nom de *cimetière*, si l'on n'avait pris le
sage parti de l'abandonner quelques années plus
tard...

XX

Dans les premiers jours du mois d'août, l'*Oyapock*, comme nous l'avait annoncé le Gouverneur,
revint à Sainte-Marie, remorquant un chaland
chargé de soixante et quinze transportés.

Ces hommes avaient été choisis parmi les libérés
les plus soumis, les plus intelligents et les plus vigoureux de l'Ilet-la-Mère. On nous avait envoyé la
fleur des pois de l'établissement. Ce n'est pas ce
qui avait lieu d'ordinaire : généralement, le premier contingent de tout pénitencier qui se fonde à
la Guyane, se compose du rebut de tous les autres.
Les *Commandants particuliers* ne veulent pas dé-
sorganiser leurs ateliers, en laissant partir leurs
meilleurs ouvriers; les manœuvres les plus ro-

bustes étant les plus utiles, ils les gardent aussi ; les mauvais sujets, les paresseux, les infirmes et les vieillards, ils y tiennent moins, et les expédient généreusement à leurs collègues. Ainsi se pratique, ainsi se pratiquait, du moins, au temps où j'habitais le pays, le précepte : « Aidez-vous les uns les autres. »

Les choses ne se passèrent pas de même pour Sainte-Marie : M. le capitaine B..., qui quittait le commandement de l'Ilet-la-Mère et en connaissait tous les hommes, désigna-t-il lui-même ceux qu'on nous envoya? M. le lieutenant *Chaudière* [1], qui l'avait remplacé, officier distingué et excellent camarade, eut-il à cœur de ne pas augmenter les difficultés de notre situation? L'amiral B..., qui, comme tous les auteurs (ce qui est bien naturel) tenait à voir réussir son œuvre, donna-t-il l'ordre formel de ne nous envoyer que des hommes vigoureux, actifs et de bonne conduite? Toujours est-il que, lorsque ces soixante et quinze *libérés* débarquèrent à Sainte-Marie, on les aurait pris, à leur bonne mine et à leur air satisfait, pour des colons venant volontairement s'établir sur les rives de ce

---

1. Aujourd'hui chef de Bataillon et directeur des Pénitenciers de la Guyane.

fleuve, et non pour des hommes qui avaient traîné la chaine des bagnes, et que la patrie rejetait de son sein.

Il me semble les voir encore, avec leurs vestes légères, leurs pantalons de toile grise, leurs chapeaux de paille à larges bords, gravissant le raidillon de la berge, et jetant autour d'eux un regard de curiosité, à mesure qu'ils dépassaient la crête du plateau. Nous avons déjà eu occasion d'apercevoir, si l'on s'en souvient, des transportés exactement semblables, (quant à l'uniforme), lors de l'arrivée de la *Cérès* aux *Iles du Salut*. Mais ceux-ci m'intéressaient plus particulièrement, et pour cause.

Ils portaient tous sur le dos un sac en toile, renfermant leur hamac, leurs effets d'habillement et la couverture de laine, destinée à les protéger contre la grande humidité des nuits. Quand les canots de l'établissement et ceux de l'*Oyapock* les eurent tous débarqués, le maréchal des logis de Gendarmerie, commandant la brigade qui leur avait servi d'escorte d'honneur pendant leur voyage, les aligna sur deux rangs, et en fit l'appel nominal. Il ordonna ensuite d'ouvrir les sacs, pour s'assurer, que chaque propriétaire y avait fidèlement conservé les objets à lui donnés par l'État, et n'y

avait introduit aucune marchandise prohibée
Cette opération se répétait à chaque migration
des transportés d'un établissement à un autre.
Pendant qu'elle se pratiquait ici, j'examinais
attentivement les visages des nouveaux débarqués.
C'est, je vous assure, un spectacle curieux et qui
porte à la méditation, que de voir, réunis dans ces
forêts vierges, tous ces hommes partis pour y arriver, de tant de situations et de points différents.
Si chacun d'eux eût voulu consentir à raconter
fidèlement son histoire, à détailler les causes et les
circonstances qui l'avaient conduit là, il y aurait
eu, par analyse, une étude psychologique des plus
curieuses à faire.

L'appel fini, on employa immédiatement les
nouveaux débarqués à rouler jusqu'au magasin et
y *arrimer* les provisions de toute espèce, (farine,
vin, lard, légumes secs, bœuf salé etc. etc.) que
nous apportait l'Oyapock. Le reste de la journée
leur fut laissé pour se reposer et s'installer dans
leurs baraques. Voulez-vous y entrer avec eux?
Bien que ce soit presque tous d'anciens pensionnaires de Brest et de Toulon, vous n'avez rien à
craindre. Prenez garde seulement de vous rompre
le cou, en escaladant la petite échelle, étroite et
sans garde-fou, qui conduit à leur logement. Nous

y voilà. N'ayez pas maintenant la fantaisie de vous asseoir, ou résignez-vous à le faire à la Turque. Il n'y a même pas ici de ces billes de bois, servant de siéges, que nous avons aperçues dans les carbets des nègres. Les seuls meubles sont, vous le voyez, deux fortes barres de bois dur. Elles divisent, à droite et à gauche, la chambre en deux longues travées, parallèles à la façade. D'un pignon à l'autre, un couloir les sépare, qui sert à la circulation. C'est sur ces barres que, le soir, les transportés tendront leurs hamacs pour la nuit. Comptez. La baraque contient trente deux hommes. Chacun d'eux dispose ainsi d'une espace de deux mètres carrés, dont il est, tant qu'il restera sur le pénitencier, le légitime propriétaire.

Voyez-vous ces petites planchettes blanches disposées symétriquement contre les cloisons? Demain, un peintre, qu'on découvrira parmi les arrivants (il y a ici de tous les corps de métier) tracera en gros caractères sur chacune d'elles le numéro de l'homme qui couche au-dessous.... C'est une mesure d'ordre, dont je ne vous ferai pas l'injure de vous expliquer l'utilité.

Déjà les transportés se livrent à leurs petits travaux d'aménagement. Regardez les suspendre à un clou, fiché sous leur planchette, le sac qui contient tout ce qu'ils possèdent au monde. Dans la journée, quand la case sera déserte, un homme, pris parmi les infirmes ou les malades (on n'aura, malheureusement, bientôt que l'embarras du choix) veillera, sous sa responsabilité *corporelle*, au respect, qu'il n'a pas toujours observé lui-même, de la propriété d'autrui. Voilà que vous connaissez, aussi bien que ceux qui les ont visitées, les baraques de presque tous les pénitenciers de la Guyane.

Tenez-vous à savoir maintenant comment vous y passerez votre temps, si, ce qu'à Dieu ne plaise, (mais quelle supposition!), vous veniez à y être envoyé un jour?

Le matin, vous vous réveillerez à cinq heures. Par quatre degrés de latitude, c'est toute l'année le moment où le jour commence à poindre... Après le réveil, un quart d'heure vous est accordé pour faire votre toilette : la coquetterie n'est pas de mise ici... On vous servira, je veux dire : vous vous servirez vous-même ensuite un déjeuner, qui ne rappelle pas précisément ceux du *Café anglais :* un peu de soupe et un morceau de pain. C'est mesquin; mais remarquez qu'il ne s'agit pas de régal, mais d'une simple mesure hygiénique (quelle sollicitude)! On a remarqué que vous pourriez vous mal trouver de respirer à jeun les brouillards *odo-*

riférants du matin. A cinq heures et demie, vous répondrez à l'appel dans la grande rue du camp... Les hommes sont rangés en bataille devant la case qu'ils occupent. On les dispose ensuite par chantiers. Les contre-maîtres, choisis parmi eux, prennent les ordres des gendarmes ou *surveillants*, qui les reçoivent eux-mêmes de l'officier, chargé de la direction du travail. — Celui du matin dure de six heures jusqu'à dix.

A dix heures, comme le soleil commence à devenir dangereux, et la chaleur souvent insupportable, tout le monde rentre au camp. A dix heures et demie, on déjeune à *la fourchette*, d'une soupe, d'un morceau de lard ou de bœuf salé et de quelques légumes. Par la suite, vous recevrez de la viande fraîche deux ou trois fois par semaine quand l'établissement aura un troupeau de bœufs. Savez-vous que ces bœufs, l'administration les fait venir, pour vous, à grands frais du *Para* et jusque du Sénégal ? Vous pensiez, j'en suis sûr, qu'on les prenait au *lasso* dans les *pampas* du pays ?

C'est peut-être ainsi que cela se pratique au *Brésil* et au *Para*, deux contrées voisines... Mais à la Guyane, on ne s'est jamais trop expliqué pourquoi, malgré des savanes immenses et des bras à n'en savoir que faire, on n'a pu encore établir des hattes,

13.

de façon à suffire seulement aux besoins de la transportation [1].

Comme boisson, (la chose n'est pas indifférente sous la zone torride), on vous délivre vingt-cinq centilitres de vin par jour. Mais plus tard, si l'oïdium envahit la vigne et que les vins, même sans être de Margaux, montent à des prix excessifs, ne vous étonnez pas de voir votre ration remplacée par six centilitres de *taffia*... Ce sera un petit sacrifice à faire sur l'autel de la patrie. Vous êtes certain, d'ailleurs, c'est déjà beaucoup, que votre taffia est pur. Il est fabriqué à l'Oyapock, sur l'établissement de *Saint-Georges*, par les noirs, condamnés des Antilles. Ne vous offensez pas seulement de la précaution que l'on prend d'étendre votre ration de dix-neuf centilitres d'eau, afin d'éviter l'ivresse, qui, paraît-il, déchaîne chez vous tous les mauvais instincts, comprimés par la crainte du châtiment. Je me permettrai à ce propos de vous donner un conseil, c'est d'avoir toujours ici la prudence du serpent : le commandant de l'éta-

---

[1]. Ceci se passait de 1854 à 1857. Je me rappelle fort bien que nous recevions à la Comté de petits *bœufs à bosse*, originaires du Sénégal. Les transports mixtes, qui font la tournée semestrielle de nos colonies, nous les amenaient de ce pays. Les choses ont peut-être changé depuis; mais telles elles étaient pendant mon séjour à la Guyane.

blissement dispose, ne l'oubliez pas, de moyens de persuasion, usités dans l'armée prussienne. Il serait difficile au plus entêté de ne pas s'y rendre. Enfin, pour compléter entièrement votre ration, ajoutez à ce qui précède une livre et demie de pain blanc, le même que l'on délivre au personnel libre et à l'état-major…. On voit que, comme mesure économique, le Gouvernement aurait eu quelqu'avantage à laisser les condamnés dans les bagnes de France, où leur ordinaire de pain noir et de *gourganes* (espèce de fèves) est un peu moins coûteux que leur nourriture à la Guyane. Mais il s'agit ici de la guérison d'une plaie sociale, et le Gouvernement, en bon père de famille, n'a pas reculé devant les difficultés de la cure et le prix du traitement.

Après le déjeuner du matin, les transportés sont libres jusqu'à deux heures de l'après-midi. Les uns restent dans leurs cases, et y font la sieste à la mode du pays; d'autres, désireux d'adoucir leur sort par quelques légers profits, travaillent à ces menus objets, que l'on vend dans les bagnes en France. Le pays leur fournit en abondance les cocos, la paille, les graines, les bois de couleur, avec lesquels ils fabriquent ces petits ouvrages. Quelques-uns, enfin, les rêveurs et les amants de la nature, vont promener dans la forêt, aux environs de l'établissement, leurs souvenirs ou leurs regrets.

A deux heures quand la forte chaleur commence à passer, la cloche rassemble de nouveau tout le monde. Le travail de l'après-midi dure quatre heures, comme celui du matin. A six heures on rentre au camp. Le repas du soir a lieu immédiatement. Le menu est le même que celui du matin. Après le dîner, les transportés ont deux heures de liberté. A huit heures, (il fait nuit sous cette latitude en toute saison) l'appel du soir se fait dans les cases, éclairées *à giorno*, par mesure de prudence. Cependant, quand le temps était beau et que la lune éclairait la campagne, on permettait aux hommes de rester dehors, dans les limites de l'enceinte, jusqu'à dix ou onze heures. Ils se réunissaient alors par groupes, et chantaient en chœur quelque chanson de leur pays. Les Allemands surtout, qui ont l'instinct musical plus développé, affectionnaient particulièrement ce genre de divertissement. Souvent, dans le silence de la nuit, leurs voix, à l'accent tudesque, allaient éveiller les échos étonnés de la Comté.

Tel était et tel doit, sans doute, être encore l'emploi du temps, sur tous les pénitenciers de la Guyane, pendant les cinq premiers jours de la semaine. La matinée du samedi était réservée aux corvées générales pour la propreté et l'entretien de l'établissement. L'après-midi, les transportés travaillaient à raccommoder, à laver leur linge et leurs vêtements. Le dimanche était le jour consacré au repos, et plus tard aux exercices religieux, quand nous eûmes un aumônier sur l'établissement.

Des hommes de bonne volonté allaient alors, le samedi soir, couper dans la forêt des branches d'arbres, des fleurs, des lianes et des tiges de palmier; ils en ornaient avec beaucoup de goût un coin du grand hangar, ouvert à tous les vents, qui nous servait de chantier pendant la semaine. C'est sous ce berceau de verdure que se dressait, le dimanche matin, un autel improvisé. Tous les transportés valides étaient tenus d'entendre la messe qui se disait à sept heures.

Cette obligation ne s'étendait pas au personnel libre. Néanmoins plusieurs d'entre nous avaient pris l'habitude d'assister régulièrement à ces offices. Nous éprouvions une émotion, douce et triste à la fois, à voir, au sein de ces grandes forêts tropicales, dont la sombre verdure nous enveloppait de tous côtés; au milieu de ces hommes prosternés, qui, bien que coupables, rappelaient à notre pensée toutes les provinces de la patrie, ce prêtre monter à l'autel, avec les mêmes ornements sacerdotaux, les mêmes gestes, les mêmes prières qu'au pays natal.

Cette constante uniformité dans les pratiques extérieures du culte catholique, en vous reportant aux souvenirs bénis de l'enfance et à certains jours heureux de la vie, remue fortement les âmes, même les plus stoïques, quand elles sont détendues par le malheur et l'exil [1].

Pour moi, que j'aie entendu célébrer le divin sa-

---

[1]. Qu'on nous permette de citer à l'appui de cette observation un illustre exemple. On lit dans l'*Histoire du consulat et de l'empire*, par M. Thiers, tome XX, livre LXII, page 690.

« Il y avait à *Longwood* une vaste salle à manger dont Napoléon ne se servait plus ; car depuis les brouilles survenues entre ses amis, il déjeunait et dînait seul, pour ne pas les mettre en présence à l'heure des repas. Cependant depuis le départ de madame de Montholon, il mangeait avec M. de Montholon dans une des deux pièces où s'écoulait sa vie. Il fit convertir la grande salle à manger en chapelle, et voulut qu'on y célébrât la messe tous les dimanches. Il n'obligeait personne à y assister, mais il approuvait ceux qui s'y rendaient (c'était le plus grand nombre), et il trouvait dans cette messe, dite tous les dimanches sur un rocher désert, un charme qui tenait à tous ses souvenirs d'enfance réveillés à la fois. » Quoi d'étonnant, quand un esprit et une âme de cette trempe se laissaient gagner à cette émotion, que des jeunes gens, séparés pour la première fois de leurs amis, de leurs parents, de leur pays, l'éprouvassent aussi, au milieu de ces déserts, de ces hommes exceptionnels, et de ces maladies qui leur laissaient peu d'espoir de revoir famille et patrie ?

crifice, à bord d'un de nos vaisseaux, perdu comme un atome sur l'immense océan ; sur la côte aride et désolée du Sénégal ; sous le ciel bleu des Antilles, ou au milieu des vertes solitudes de la Guyane, j'ai senti, en ce moment, à quelque distance que je fusse de la France, le même souffle de la patrie me passer sur le cœur.

Hors les dimanches, les seuls jours fériés de l'année étaient les quatre grandes fêtes de l'Église et celle de l'Empereur. Ce jour-là, il y avait, sur certains pénitenciers, danses, jeux et mât de cocagne. L'aspect de ces plaisirs, bien modestes cependant, nous faisait penser qu'à la même heure, dans nos grandes villes, la foule commençait à envahir les places publiques. En France, toute cette cohue est antipathique à bien des gens qui, pour l'éviter, restent enfermés chez eux. Mais nous, à la Comté, que n'aurions-nous pas donné pour nous mêler, un instant seulement, à cette foule de compatriotes, qui, à cette distance, nous semblaient autant d'amis tendrement aimés? Ce souvenir nous faisait paraître plus grand encore notre isolement.... Ainsi les tentatives même que font des exilés pour se distraire tournent quelquefois contre eux, en réveillant en leurs cœurs tous les regrets de la patrie!

XXI

Nous étions arrivées au mois de Septembre. Le temps est continuellement beau en cette saison. Souvent, pendant des semaines entières, on n'aperçoit pas, de tout le jour, le plus léger nuage dans un ciel d'un azur inexorable. Le soleil, alors au zénith, incendie de ses rayons la terre qui, calcinée, crépite sous les pieds comme une cendre brûlante. La chaleur serait insupportable sans les brises qui rafraîchissent l'air. Grâce à elles, on en souffre peut-être moins dans cette saison que dans celle des grandes pluies...

La saison sèche est, lorsqu'elle est bien établie, la plus saine de l'année. Mais pour y arriver, on passe par une période assez meurtrière. Au mois de juin ou de juillet, quand les pluies cessent, les eaux rentrent peu à peu dans leur lit; les terrains inondés se découvrent; les détritus végétaux, détrempés pendant de long mois, mis à nu et chauffés par un soleil de feu, dégagent des miasmes pestilentiels qui empoisonnent l'air. C'est le moment des fièvres *pernicieuses* foudroyantes.

Plus tard, la terre ayant été purgée de toute son humidité, ces fièvres *malignes* disparaissent, et l'on n'est plus soumis qu'à l'influence ordinaire des fièvres périodiques.

Après quatre ou cinq mois de grande sécheresse, les pluies recommencent en novembre ou décembre. Elles débutent par des ondées torrentielles, qui s'abattent sur le pays avec la rapidité de l'éclair et disparaissent presque aussi vite. Cent fois par jour, le ciel passe avec la promptitude d'un changement à vue, du gris le plus barbouillé au bleu le plus étincelant. Ce va-et-vient de vaporisation et de condensation charge l'atmosphère de substances délétères. Les fièvres pernicieuses se montrent de nouveau, mais moins fréquentes, moins redoutables surtout qu'à la période de transition de l'*hivernage* à la saison sèche... Seulement, dans ces bois, grâce à l'excessive humidité et aux conditions dans lesquelles nous vivions, un nouveau fléau dont nous avons déjà prononcé le nom, la dyssenterie [1], fit son apparition à cette époque.

---

[1] « La dyssenterie, dit M. le docteur *Rufz de Lavison*, est partout et toujours le vrai fléau des pays chauds. Jeunes et vieux, acclimatés et non acclimatés, sobres ou intempérants, hommes ou femmes, soldats, matelots, religieuses, tous y sont exposés. On ne trouve jamais d'homme aux colonies dont elle n'ait mis au moins une fois l'existence en péril. »

Malgré les précautions qu'on prenait d'évacuer rapidement les malades sur l'*Ilet-la-Mère*, dont l'hôpital avait été disposé pour les recevoir, deux transportés succombèrent à *Sainte-Marie*, dans le mois de novembre, et trois dans le mois de décembre. C'étaient les premiers *blancs* qu'on enterrait dans la Comté. L'État-major ne fut pas épargné non plus. Le capitaine B... fut atteint d'une dyssenterie aiguë, et son état inspira bientôt de sérieuses inquiétudes. Il fallait l'éloigner immédiatement de la Comté. Le malade aurait désiré attendre l'arrivée de l'Oyapock, qui nous visitait tous les mois; mais on lui fit comprendre qu'il y aurait imprudence à retarder son départ. Il se décida alors a me remettre le commandement de *Sainte-Marie*. Une pirogue, avec un *pomocari* bien clos, et des couvertures de laine pour le garantir de l'humidité, l'emporta, un matin, pour Cayenne. Il ne souffrit pas trop du voyage, bien qu'il eût duré seize heures, sous des pluies torrentielles. L'air vif et salin de la mer et des soins intelligents lui rendirent heureusement la santé. Trois mois plus tard, il venait reprendre son poste.

— Cependant, après le départ du Capitaine B..., l'arrivée de plusieurs convois avait porté l'effectif des libérés à cent soixante et quinze en novembre;

à cent quatre-vingt-quatorze en décembre; à deux cent trente-quatre dans le courant de janvier.

Les travaux intérieurs du camp n'exigeant pas un nombre de travailleurs aussi considérable, on commença à installer, dans les bois, des chantiers, qui nous fournirent bientôt des bardeaux, des gaulettes, des lattes, des chevrons et du bois d'équarrissage, en quantités suffisantes pour les besoins de l'établissement.

L'ami Télémaque nous fut encore ici d'un grand secours. Non-seulement il formait nos travailleurs et leur apprenait, comme il l'avait fait pour nous, à reconnaître les bois propres à la contruction, mais il m'indiquait aussi les emplacements où il fallait établir nos chantiers. Il était nécessaire de faire ce choix avec discernement. Les forêts de la Guyane sont riches, avons nous dit, en bois de toutes sortes; mais les arbres ne sont pas ici, comme en Europe, groupés par familles. La main du Créateur les a semés pêle-mêle dans ces solitudes. On doit donc, pour que le travail soit rémunérateur, chercher un terrain où les essences utiles ne soient pas trop éloignées les unes des autres. Ce n'était pas chose aisée à trouver à la Comté. Quoique ses rives n'aient jamais eu une population bien nombreuse, c'est peut-être, avec celle des *Cascades*, la rivière de la Guyane dont les bords ont été le plus exploités. La facilité de conduire à Cayenne les trains de bois, sans avoir à traverser la mer, explique assez la préférence accordée aux forêts qu'arrosent ces deux cours d'eau.

Arrivés les derniers, nous n'avions plus qu'à glaner : aussi étions-nous forcés de déplacer souvent nos chantiers. Au bout de quelques mois, il fallut aller chercher nos bois de construction très-loin du fleuve, et c'était, pour nos ateliers *blancs*, un travail des plus pénibles que de les traîner jusqu'au *dégrad*. Les criques qui se jettent dans la Comté ne pouvaient, malheureusement, faciliter nos transports. La plupart sont, à peu de distance de leur embouchure, tellement obstruées par les troncs d'arbres abattus qu'il est impossible à la plus petite pirogue d'y naviguer. En établissant des chemins de halage, en perçant des routes jusqu'aux parties encore inexploitées de ces forêts, en nettoyant les criques (ce qui n'eût pas été une mince entreprise) on serait parvenu plus tard à vaincre ces difficultés. Mais en ce moment les moyens dont nous disposions étaient trop restreints pour nous permettre de pareils travaux. Il fallait, d'ailleurs, songer pour les acclimater, si faire se pouvait, à ménager nos ouvriers, surtout ceux des chantiers qui vivaient dans des conditions qui, sous ce climat, semblaient devoir user vite leur existence. Quand on avait choisi l'emplacement d'un chantier, les transportés y étaient conduits, sous la direction de *Télémaque* et le commandement d'un caporal d'infanterie, nommé *Gorsse*. C'était un homme d'une santé de fer et d'une énergie que rien ne pouvait abattre. Il vivait seul, au milieu de ces forêts, avec quarante ou cinquante de ces anciens forçats, qu'il entraînait au travail avec une telle ardeur que j'étais obligé souvent de modérer son zèle et son activité... Le premier jour, on commençait par abattre quelques arbre à l'endroit où le chantier devait stationner, tant que les environs fourniraient les bois de construction en quantités suffisantes ; puis l'on se mettait tout de suite à préparer les matériaux pour construire une *case*. Le soir venu, on *carbétait*, comme on dit dans le pays ; c'est-à-dire qu'avec des branches d'arbres on se préparait une tente pour la nuit. Cette opération, qui se pratique de la même façon depuis deux cents ans et plus, nos hommes la faisaient, au bout de peu de jours, aussi adroitement que nègres et Indiens [1]. Voici comme on s'y prend : On

---

1. Les Européens acquièrent vite, quand ils le veulent, les petits talents qui sont indispensables à ceux qui vivent au mi-

coupe à la hache une forte branche d'arbre; avec le *sabre d'abatis*, on élague les branches plus faibles qui aboutissent à celle-ci. On en conserve une seule, qui forme comme une fourche à l'extrémité supérieure. On enfonce en terre, les fourches en l'air, deux de ces branches ainsi disposées. Sur les deux fourches, on place horizontalement une perche qui forme l'arête de la toiture. « On coupe trois ou quatre perches dont on appuie l'un des bouts sur celle qui sert de faîte et l'autre bout à terre, et l'on attache sur ces chevrons, de distance en distance, des gaulettes qui servent de lattes. Pendant que les uns sont occupés à la construction de cette charpente, les autres cueillent des feuilles, auxquelles ils laissent une queue assez longue. On fait une entaille dans ces queues, qui sert à accrocher les feuilles aux chevrons, les unes sur les autres, commes des bardeaux sur les maisons. Tandis que les plus habiles couvrent *l'ajoupa*, les autres amassent des feuilles dont on couvre le sol comme d'une épaisse litière, sur laquelle ou se couche, sûr de n'être pas mouillé car, lorsque la couverture est bien faite, il peut pleuvoir à verse et même plu-

lieu de ces bois. On prétend que *Pichegru*, le conquérant de la Hollande, était devenu de première force à manier la *pagaye* et à *flécher* le poisson.

sieurs heures de suite, sans qu'on en reçoive la moindre incommodité[1]. » Tels étaient les abris un peu primitifs sous lesquels nos transportés dormaient, faisaient leur cuisine, etc. pendant les deux ou trois premiers jours... Ils avaient plus tard une case, couverte en feuilles de palmier, fermée par un simple clayonnage de fortes branches entrelacées, avec un sol en terre battue, comme celles qu'habitent les nègres dans ces forêts. On abattait à peine quelques arbres pour former une petite clairière, au centre de laquelle s'élevait cette grossière maisonnette. Dans ces conditions, ces hommes étaient, on le voit, bien moins à l'abri de l'excessive humidité des nuits que leurs camarades installés au camp, au milieu d'un vaste espace défriché, dans leurs baraques couvertes en bardeaux, planchéiées, bien closes et parfaitement isolées du sol. De plus, retenus souvent très-loin de leurs *ajoupas* et n'y rentrant que le soir, les ouvriers des chantiers étaient mouillés des journées entières par les grandes pluies. Cependant, bien que la seule précaution hygiénique prise à leur endroit, fût de leur donner double ration de vin chaque jour, de leur laisser plus de vêtements de laine, et de faire entretenir constamment du feu

---

[1]. Le chevalier de Milhau.

dans leurs carbets, le nombre des malades n'était pas plus considérable aux chantiers que dans le camp. Était-ce parce qu'on avait soin d'y envoyer les hommes les plus zélés et les plus laborieux? On avait remarqué, en effet, que tous ceux qui déployaient une certaine activité de corps ou d'esprit, qui apportaient une certaine ardeur à leur travail ou à leurs fonctions (parmi les gens libres : les chefs de chantier, les piqueurs, et parmi les transportés: les charpentiers, les mécaniciens, etc.) résistaient mieux en temps ordinaire au climat de la Comté que les soldats et les simples manœuvres, ou les gens à occupation sédentaire, comme les infirmiers et les magasiniers par exemple.

Aux époques d'épidémie, au contraire, ceux que leur service appelait à s'exposer au soleil à toute heure du jour, (les gendarmes, les ouvriers du génie etc.) étaient enlevés d'une façon foudroyante. C'étaient, à la vérité, tous hommes grands et robustes, genre de victimes qu'affectionne tout particulièrement le *vomito-negro*.

— Outre les chantiers des *grands-bois*, dont nous venons de parler, nous installâmes à Sainte-Marie une briqueterie qui, dès le premier mois, donna dix mille briques et jusqu'à vingt-cinq et trente-mille par la suite. Un atelier de carriers fut aussi créé pour l'exploitation des petits gisements de *roches-à-ravets* que nous indiqua Télémaque. Ces pierres nous servirent, pour le moment, à bâtir les fondations des quatre blockhaus à élever aux angles du camp. La charpente du premier de ces blockhaus venait précisément de nous être envoyée de Cayenne. Avec ses murailles en bois dur, à l'épreuve de la balle, ses ouvertures en forme de sabord de vaisseau, ses créneaux et ses machicoulis, cette construction, qui a pu rendre des services contre les Bédouins, était bien la plus lourde, la plus incommode (ce que j'ai dit des fortications des Iles-du-Salut me dispense d'ajouter la plus inutile à mon sens) qu'on pût élever dans ces forêts.

Les rez-de-chaussée devaient servir de prisons; les espèces de pigeonnier que formait l'étage supérieur, de logement à la gendarmerie et à la troupe. On ne nous avait pas expédié, on le présume, du chef-lieu, ces fortifications sans les faire accompagner de gens destinés à les défendre. L'augmentation successive du nombre des condamnés l'exigeait, d'ailleurs.

Outre quinze gendarmes qui avaient servi d'escorte aux différents convois, nous avions reçu encore un détachement de vingt-cinq soldats, commandé par un officier.

Cependant la conduite des transportés était telle qu'il semblait jusqu'à ce moment que blockhaus, soldats et gendarmes fussent un luxe tout à fait inutile. Malheureusement, cet âge d'or de la Comté ne devait pas être éternel. Il eût été pourtant, je le crois, de plus longue durée, sans la présence de tout cet appareil de force. Mais de quelque façon qu'on les traitât, il fallait s'attendre à ce que la vue de ces immenses espaces ouverts continuellement devant eux tenterait les transportés. Une fois perdus dans cet océan de forêts, comme des naufragés sur leur radeau, à quelles extrémités la faim et le désespoir ne pouvaient-ils pas pousser de tels hommes?...

XXII

Un premier drame ouvrit bientôt la série des forfaits qui devaient ensanglanter la Comté.

Un matin, le maréchal-des-logis de la gendarmerie vint me rendre compte qu'un transporté, nommé *Chevalier*, manquait à l'appel qui venait de se faire. Pour que cet homme eût disparu pendant la nuit, il fallait ou qu'il se fût éloigné volontairement du camp, ou qu'il eût été la victime de quelqu'attentat.

Après de minutieuses perquisitions dans les environs, je m'arrêtai à la première hypothèse. Elle n'excluait malheureusement pas la seconde. Bien au contraire : il était rare, en effet, qu'un transporté s'évadât seul. Si Chevalier avait fui, il avait dû avoir des compagnons. Mais seul, il manquait à l'appel du matin : ceux-ci étaient donc rentrés au camp, après avoir tenté de s'en éloigner... Or, n'était-il pas à présumer que dans le cas où leur camarade se serait égaré seulement dans cette tentative infructueuse, ils auraient préférés'exposer, en nous prévenant de son sort, à une punition relativement légère, que de se voir, sous le coup d'une accusation d'assassinat, le jour où le cadavre de Chevalier serait retrouvé? Ce raisonnement, digne d'un juge d'instruction, me fit penser qu'il pouvait bien y avoir eu à la fois une évasion tentée et un crime commis.

A cette époque, les gendarmes étaient à la Comté plus nombreux qu'il ne fallait pour veiller au bon ordre des chantiers et du camp. Ceux qui n'étaient pas de service obtenaient la permission de chasser dans les environs (sans port d'arme. : Cet impôt de la civilisation est inconnu à la Guyanne). En ne s'éloignant pas trop de l'établissement, ces chasses n'offraient plus déjà les dangers que nous avons signalés. Les traces nombreuses, faites peu à peu par les hommes, indiquaient les directions à suivre; des sentiers tracés le long de la rivière conduisaient même à différentes petites habitations de nègres, situées à quelques distance de *Sainte-Marie*. D'après mes instructions, le maréchal-des-logis prescrivit à ses hommes de ne rien changer en apparence à leurs habitudes. Seulement la chasse ne devait être désormais qu'un prétexte pour se livrer, sans donner l'éveil, aux plus actives recherches. Tous les sentiers furent explorés un à un; tous les buissons, battus; tous les *dégrads*, examinés avec soin. En venant chaque soir, comme d'ordinaire, me faire son rapport, le maréchal-des-logis me rendait compte des perquisitions faites dans la journée. Or, trois jours s'étaient écoulés depuis la disparition de Chevalier, et nous n'avions rien appris sur son sort. Il me vint alors à l'idée d'appeler à notre aide *l'ami Télémaque*. Depuis que sa femme et sa fille étaient revenues de Cayenne, le vieux nègre m'avait laissé son fils *Eudore* pour le remplacer, et était retourné à son carbet. Il y avait déjà quelque temps que nous ne l'avions vu. « Son amitié pour nous, nous avait-il fait dire, était toujours la même; mais ses occupations le retenaient au logis pour le moment. » Dès qu'il sut cependant que j'avais besoin de lui, il accourut. En deux mots, je le mis au fait de la situation. Il fut enchanté de l'inutilité des recherches faites par la gendarmerie. Télémaque, comme tous les nègres, avait de ce corps d'élite une opinion exagérée peut-être, mais salutaire. L'espoir de réussir là où le gendarme avait échoué sembla stimuler singulièrement son zèle. Il partit donc, me promettant de revenir avant la fin du jour.

Le soir j'attendais son retour avec quelque impatience. A huit heures, il faisait nuit noire, il n'avait pas encore reparu. Le malin singe avait tardé jusque-là, j'imagine, pour mieux jouir de son triomphe.

Au moment où le maréchal-des-logis, escorté comme toujours d'un gendarme, entrait dans ma baraque, je vis, en effet, apparaître, entre leurs épaules, la figure sombre du vieux nègre.

L'appel rendu, je demandai au maréchal-des-logis s'il n'y avait rien de nouveau relativement à Chevalier.

— Rien, mon commandant, répondit-il. Mes hommes ont encore aujourd'hui battu tous les environs. La brigade y perd son latin.

En avait-elle beaucoup à perdre? Pour « protéger la propriété ,» il n'est pas précisément nécessaire d'avoir fait sa rhétorique. Le gendarme, qui se tenait immobile et roide derrière son chef, n'en fit pas moins un énergique geste d'approbation. On connaît le refrain célèbre :

« *Brigadier, vous avez raison !* »

Je regardai Télémaque. Un sourire silencieux errait sur sa face noire. Le bonhomme riait intérieurement aux dépens des gardiens de la force publique. Quand les gendarmes se furent retirés :

— Eh bien ? mon vieux brave, lui demandai-je.

— Commandant, me dit-il, dans son jargon nègre (assez facile à comprendre puisque je l'entendais déjà fort bien), j'ai tout découvert.

Il fit une petite pause destinée, selon lui, à produire un certain effet.

— Je n'ai rien voulu dire tout-à-l'heure, continua-t-il, pour ne pas humilier ce pauvre *mouché Maréchal-logi;* mais je sais pour sûr où est *mouché* [1] *Chevalier.*

— Eh bien ! dis le donc, si tu le sais.

---

1. Il est à remarquer que, dans les colonies, les noirs traitent encore avec une sorte de respect le *blanc*, quelque déchu qu'il soit. C'est un reste de l'ancienne considération qu'on accordait autrefois à la seule blancheur de la peau... Ainsi les nègres de la Comté disaient toujours *Monsieur*, en parlant de nos transportés...

— Il est dans la Comté, commandant.

— Télémaque, voudrais-tu te moquer de moi ?

— Oh ! Commandant ! fit-il d'un air de reproche. Je dis dans la Comté : au fond de la rivière.

— C'est différent. Et tu en es bien sûr?

—Bien sûr : *Macaque savé qui bois li monté* [1],

Il se mit alors à m'expliquer que le matin, après m'avoir quitté, il avait décrit, en marchant, comme un grand cercle autour de Sainte-Marie, un peu en dehors de la zone fréquentée par les gens du Pénitencier.

On voit que Télémaque était géomètre sans le savoir. Ce cercle devait forcément couper la ligne qu'avaient suivie les transportés pour s'éloigner du camp.

Grâce à son coup d'œil exercé, il n'avait pas tardé, en effet, à retrouver leur trace. Elle était parallèle à un petit sentier qui, de Sainte-Marie, conduisait à l'habitation *Fleury*...

— Ils étaient quatre au départ, me dit-il, mais j'ai découvert aussi le chemin qui les a ramenés au camp. Trois seulement y sont rentrés... La pre-

---

1. Proverbe nègre souvent employé à la Guyane : Le *singe sait sur quelle branche il grimpe.* Traduction libre : *Soyez tranquille, je connais mon affaire...*

mière piste allait aboutir au *dégrad* de *Fleury*... Là, ils ont dû s'embarquer sur une pirogue.

Il fit encore une pause. Je compris qu'il voulait dire : « Comment aurais-tu fais, toi, pour retrouver leurs traces sur l'eau du fleuve? »

— Je n'en sais rien, dis-je, répondant à sa muette interrogation.

— Eh! bien moi, j'ai pensé : S'ils avaient voulu gagner le bas de la rivière, ils auraient volé un canot à *Power* ou à *Davaux* : ce qui les dispensait de repasser devant Sainte-Marie. Puisqu'ils ont donné la préférence à Fleury, c'est qu'ils vont vers la *Rivière blanche*[1]... Je n'avais pas loin à pagayer, d'ailleurs, pour voir si je me trompais; car, avec les *doucins*, il était impossible qu'ils eussent franchi, la nuit, le premier saut. On me prêta une pirogue à Fleury et je me mis à remonter la rivière, en examinant bien les rives à droite et à gauche... Je dépassai ma case... Ma femme, qui était sur le seuil, m'appela. Je fis semblant de ne pas l'entendre... Enfin à quelque distance avant d'arriver au saut,

---

1. Affluent considérable de la rive gauche de la Comté, à une douzaine de lieues de sainte Marie... Les Pères *Grillet* et *Béchamel*, dans la relation de leur voyage, l'appellent *Rivière des Nouragues*, du nom de la peuplade qui en habitait les bords. On appelle encore cette rivière *crique Gallibi*... Elle communique, dit-on, avec celle de *Sinnamarie*.

je vis, sur la rive droite, cinq ou six *moucou-moucous*,[1] dont les tiges brisées étaient agitées par le courant... Je me dirigeai droit dessus. Il n'y avait pas à s'y tromper : C'était là qu'ils avaient abordé... Pas de sillon laissé dans la vase par la quille de la pirogue; des empreintes de pas alourdis sur la terre glaise du talus : ils avaient chaviré, en essayant de franchir le saut.

Le lecteur comprend que nous sommes forcé de traduire en français le récit de Télémaque. C'est dommage; car dans son patois nègre, il avait un tour original qu'il faut renoncer à lui conserver en notre langue.

En face du point que Télémaque venait d'atteindre, se trouve un carbet, habité par une vieille négresse trè-âgée, la *mère Salomon*, et son fils *Réné*.
— La vieille les a vus bien certainement, pensa Télémaque. Mais ils lui ont, sans doute, fait jurer de ne rien dire, en la menaçant de quelque terrible vengeance.

Là encore, *notre ami*, qui déploya en toute cette affaire une perspicacité digne du *Bas-de-Cuir* de Cooper, avait deviné juste.

---

1. Plante grasse qu'on rencontre dans les parties vaseuses des rives de la *Comté*.

Voici la ruse qu'il employa pour faire parler la négresse.

— Mère Salomon, lui dit-il, en entrant dans son carbet, vous pouvez être tranquille maintenant. Les hommes de l'autre soir ont été arrêtés.

La bonne femme se mit à trembler de tous ses membres, et fit machinalement le signe de la croix.

— Quelle peur vous avez dû avoir! dit hypocritement Télémaque.

— *Pas palé* (ne m'en parlez pas), dit la vieille.

— Et pourquoi n'avoir pas envoyé *Réné* le lendemain prévenir le commandant de Sainte-Marie?

Elle se tut.

— Pauvre de vous, ils vous avaient donc fait jurer de ne rien dire?

— Oui, répondit-elle en frissonnant.

— Mais à présent qu'ils sont arrêtés, dit Télémaque, (qui, on le voit, inventait avec un certain aplomb) vous voilà naturellement déliée de votre serment... Eux mêmes ont avoué, d'ailleurs, vous avoir vue, et quand la justice *ké fai ou lévé la main* (vous fera lever la main), il faudra bien dire la vérité.

Les nègres des bois redoutent beaucoup être cités en justice. Pour ces grands enfants, témoin et accusé sont presque synonymes. Ils savaient d'ailleurs à la Comté que c'étaient des conseils de guerre qui jugeaient les déportés, et beaucoup d'entre eux étaient persuadés que tous ceux qui, à un titre quelconque, paraissaient devant ces tribunaux, où les juges ont le sabre au côté, étaient pour le moins fusillés.

Dans l'espérance d'éviter un pareil malheur, la mère Salomon, à laquelle Télémaque avait fait croire qu'une déposition à lui faite rendrait inutile toute citation ultérieure, lui raconta les évenements de cette soirée unique dans son existence.

— Il y a quatre jours, lui dit-elle, il pouvait être dix heures du soir. Elle était accroupie devant son feu. Son fils *Réné* était allé *flécher* le poisson. Tout à coup, elle entendit un grand bruit du côté de la rivière. Elle crut d'abord que c'était quelque *capiaye* [1] qui se jetait à l'eau. Mais en prêtant mieux l'oreille, elle distingua les cris de gens qui s'appelaient. Peu à près, deux hommes *blancs*, tout ruisselants, sortirent du fleuve et se dirigèrent de son côté... Qu'on juge de sa terreur! Elle se jeta à genoux, et demanda grâce... Après lui avoir dit quelques mots que, dans son trouble, elle n'entendit pas

1. Espèce de porc amphibie, à pattes palmées, assez commun à la Comté...

« les hommes blancs » retournèrent au *dégrad*, et se mirent à appeler de nouveau. Une voix, de la rive opposée, leur répondit. Bientôt ils revinrent trois au carbet de la vieille.

— Nous ne voulons pas vous faire de mal, lui dirent-ils; nous allons sécher nos vêtements et retourner au camp.

Elle attisa son feu, leur offrit quelques *paripous* qu'elle avait dans sa marmite, les traita, en un mot, avec toute la considération due à trois bandits n'ayant devant eux qu'une misérable vieille, la nuit, au milieu de ces bois déserts.

— Avez-vous eu le bonheur de vous sauver tous, *Messieurs*? leur demanda-t-elle en nègre, espérant les apitoyer par cette marque de sollicitude.

— Oui, répondirent les *libérés* qui, depuis quelques années à la Guyane, comprenaient tous ce patois.

Ce seul mot, dit à une vieille négresse, perdue dans ces solitudes, fut, dans l'acte d'accusation, la charge la plus accablante contre eux. Leurs vêtements séchés, ils quittèrent la mère Salomon, après lui avoir promis de lui clore la bouche pour toujours, si elle l'ouvrait jamais sur ce qu'elle avait vu et entendu cette nuit-là.

Tel fut le récit de Télémaque.

— Et tu n'as rien trouvé, lui demandai-je, qui puisse mettre sur la trace des coupables?...

Il se mit à rire de ce rire silencieux qui lui était habituel, fouilla sous sa vareuse de laine, et en tira un soulier encore tout maculé de boue.

— Je l'ai déniché, me dit-il, entre les *moucou-moucous*, profondément enfoncé dans la vase du dégrad.

Sur l'intérieur de la semelle, on lisait le n° 2201. Je tenais le fil d'Ariane. Au registre matricule de l'établissement, le numéro 2201 appartenait à un nommé *Sauton*.

Le lendemain matin seulement, craignant, en le faisant arrêter à pareille heure, de donner l'éveil aux autres coupables, je fis venir chez moi le libéré Sauton. Dès qu'il fut en ma présence, il se prit à trembler aussi fortement que la mère Salomon devant ses camarades. A la vue du soulier, redoutant d'être impliqué dans une affaire qu'il savait n'être pas bonne, il me fit la déposition la plus complète.

— Il avait donné, me dit-il, quelque temps auparavant une paire de souliers à un certain *Lanet*. Ce Lanet préparait une évasion avec trois de ses camarades. C'étaient *Vermot, Archenault*, homme d'une force herculéenne, qui faisait trembler les autres transportés, et le malheureux Chevalier.

Tout s'était passé comme l'avait deviné Télémaque. Ils partirent tous quatre du camp, après l'appel du soir, s'emparèrent d'une pirogue au dégrad de Fleury, et se dirigèrent vers les sources de la Comté. Mais arrivés aux premiers sauts, ils ne purent remonter le courant, et comme le fleuve grondait très-fort cette nuit-là, Chevalier, le plus timide de la bande, proposa de retourner au camp.

— Misérable lâche! s'écria Archenault, se dressant au milieu de la barque comme un furieux, et il porta à Chevalier un terrible coup de pagaye. Celui-ci s'affaissa sur le bord de la pirogue. L'eau s'y engouffra. Tous les évadés se jetèrent dans le fleuve. Quelques heures plus tard, trois hommes rentraient seuls au camp.

Ces détails, Sauton les tenait de Lanet lui-même. Je fis immédiatement arrêter les coupables.

Cinq ou six jours après, le cadavre du malheureux Chevalier revenait à la surface.

Dans une des baraques de Sainte-Marie, un mois plus tard, siégeait un conseil de guerre. Vermot et Lanet furent condamnés aux travaux forcés à perpétuité; Archenault, à la peine de mort. Il s'étrangla dans sa prison.

XXIII

Avez-vous jamais réfléchi à la façon dont les dispositions du corps et de l'âme modifient les impressions que font sur nous les objets extérieurs?

Rappelez-vous certains jours de souffrance physique, de doute ou de découragement : la veille de quelque maladie grave, le lendemain qui suit l'absence ; vous souvenez-vous quelle teinte morne tout prenait alors autour de vous, combien le soleil le plus radieux vous semblait livide et froid ?

Mais, au contraire, dans ces jours bénis où l'âme éprouve de ces aspirations qui la dilatent pour ainsi dire ; ou bien seulement, quand, par un belle matinée, l'esprit libre de tout souci, le corps prend sa part de ce bien-être universel que bruit l'insecte dans le sillon, que la fleur humectée de rosée exhale dans les champs, que chante l'alouette au plus haut du ciel, comme tout s'embellit, comme le soleil semble plus joyeux, le ciel plus bleu, toute la nature poétique et charmante!

Si vous vous rappelez ces constrastes, ne vous

étonnez pas que, le corps travaillé par les fièvres, l'esprit par le doute du succès, l'âme par les amertumes de l'isolement et de l'exil, j'aie pris en horreur ces forêts, le jour où le crime vint leur enlever le seul mérite qu'elles eussent à nos yeux : celui d'être vierges de toute souillure humaine.

Aussi fut-ce une vraie joie pour moi, que le retour du capitaine B..., revenu à la Comté avec le conseil de guerre qui jugea le meurtrier de *Chevalier* et ses complices, me permît d'aller respirer un air plus pur et vivre quelque temps au milieu de gens moins... exceptionnels !

Sans l'*Oyapock*, dont, tous les mois, nous apercevions la fumée et entendions la bruyante respiration, nous aurions pu nous croire à jamais séparés du reste du monde. En France même, un habitant de Paris, confiné par des exigences de situation dans quelque Landernau lointain, éprouve la même impression, quand il ne voit pas aller et venir à travers champs le blanc panache de la locomotive, qui en quelques heures, peut le ramener à la vie civilisée. Un jour donc, la vapeur me prit sur ses ailes (c'est ainsi qu'on s'exprime, je crois, en langage poétique) et m'emporta loin de la Comté... Poussé par le *doucin* et les battements précipités de ses aubes, en cinq heures l'*Oyapock* eut franchi l'espace qui sépare Sainte-Marie de Cayenne. Rives boisées de la Comté et de l'Oyac Ilets-Regis, avec leur panache de palmiers, flèche pointue du clocher de Roura, noyée dans un océan de verdure, cases à nègres, habitations en ruines, tout ce que notre voyage en pirogue nous avait permis d'examiner en détail, ne fit que paraître et disparaître à nos yeux. Au *Tour de l'Ile* s'arrêta ce steeple-chease nautique. Là, le bâteau, mû seulement par la force de sa machine, dut encore ralentir sa marche, à cause des nombreuses sinuosités de la rive. Je vois, en plein soleil cette fois, ce fétide cloaque, où nous avons passé, s'en souvient-on? une nuit, égayée par le concert des moustiques. L'eau bourbeuse, gonflée par le déplacement qu'occasionnent les flancs de l'*Oyapock*, court, en moutonnant, devant nous, sur les bancs de vase semés de maigres arbrisseaux. Les caïmans effrayés se traînent, en rampant, sur les rives, et disparaissent au milieu des *paletuviers-rouges*. L'air raréfié et empesté par les exhalaisons marécageuses, nous étouffe.

Tout à coup, nous éprouvons la sensation de ces malheureux qu'on déterrait jadis des oubliettes. Nous ne sommes plus oppressés par l'étreinte perpétuelle de la forêt, chaude et malsaine, qui nous enveloppe depuis tant de mois. L'espace s'étend sans fin devant nous. Une brise très-vive, que nos poitrines fatiguées ont peine à respirer, nous frappe au visage. A notre gauche, on voit, jusqu'à l'horizon, un ciel bleu et profond, sur l'azur duquel se détachent de grandes aigrettes blanches et des ibis roses, pêchant sur un banc de sable d'un jaune d'or. A notre droite, se dessinent les petites collines boisées qui avoisinent Cayenne : *Montabo*, *Montjoly*, la *Montagne-Tigre*, etc. Bientôt nous entrons dans la rade. *L'Oyapock* jette l'ancre. Enfin, nous touchons au rivage. Comme ce modeste Cayenne nous paraît beau ! Nous apercevons des femmes, des enfants : quelle joie, quand on n'a, depuis plusieurs mois, vu que des visages d'hommes, et de quels hommes, grand Dieu !

A peine débarqué, j'allai voir le gouverneur, puis mes amis. Tous m'accueillirent avec une effusion qui me toucha. Ils me considéraient, à mon départ pour la Comté, comme un homme mort. Mon retour à la vie leur fait plaisir : je n'ai parmi eux héritiers ni directs, ni collatéraux.

Le temps de l'absence, comme celui de captivité en pays ennemi, compte, on le sait dans les états de service de l'amitié. Une plus grande intimité avec certaines familles du pays me permit d'étudier de plus près, cette fois, les mœurs créoles. Mais d'autres, plus habiles observateurs que moi, les ont souvent décrites, je n'irai pas sur leurs brisées. J'aime mieux, ami lecteur, vous raconter un petit voyage que je fis, pendant mon congé. Vous pourrez ainsi, (ce qui n'est pas sans intérêt), comparer notre Guyane à celle d'une puissance voisine.

A cette époque (1855), il n'était pas encore question des *paquebots transatlantiques français*. Nous étions les humbles tributaires des Anglais. Sans eux nous n'aurions eu des nouvelles de France que, de loin en loin, par les rares navires de guerre ou de commerce qui venaient à Cayenne.

Tous les quinze jours, un *steamer* du *Royal mail steam navigation Company*, parti de *Southampton* abordait à *Saint-Thomas*, port libre d'une des petites Antilles. De ce port, un autre steamer de la même compagnie transportait dépêches, ballots et passagers dans les différentes colonies Anglaises, Françaises ou autres. Le point extrême de la ligne était, sur le continent Sud, *Demerara*, capitale de la Guyane anglaise. C'était là que nous allions, à la fin de chaque mois, recueillir nos dépêches et nos passagers... Quelques jours après mon arrivée à Cayenne, le bâteau à vapeur, chargé de ce service, partait précisément pour Demerara.

Le docteur V...., avant mon départ de Sainte-

Marie, m'avait prescrit un changement d'air. Je ne pouvais mieux me conformer, n'est-ce pas? à l'ordonnance qu'en allant respirer l'oxigène et l'azote d'un pays Anglais. Ayant donc obtenu l'assentiment du gouverneur, je m'embarquai, un matin, sur le *Rapide*.

On avait, sans doute, nommé ainsi ce bâteau par antiphrase. Grâce au peu de rapidité de sa marche, nous eûmes le temps d'examiner à loisir les côtes de la Guyane dans la partie qui s'étend de Cayenne au Maroni. A part quelques collines boisées, qui, comme dans le littoral Est, se montrent de loin en loin, cette plage est aussi basse et aussi morne d'aspect que celle que nous avions aperçue du pont de *la Cérès*, en arrivant de France. La tristesse des souvenirs s'ajoutait de plus, cette fois, à celle du coup-d'œil. Le capitaine du *Rapide*, qui avait déjà fait souvent ce voyage, nous indique en passant *Kourou*, *Sinnamarie*, *Counanama*, qui rappellent de douloureuses pages de notre histoire.

Nous côtoyons toute la Guyane Hollandaise et, deux jours après, nous arrivons à Demerara.

La côte nous semble encore plus basse et plus marécageuse que celle de notre Guyane; les eaux de la rade que forme l'*Essequebo*, plus fangeuses et plus sales que celles de la rade de Cayenne. Mais sur cette rade sont mouillés une trentaine de navires, occupés à décharger leurs cargaisons ou à embarquer des denrées coloniales. Les barques qui vont et viennent, montées par des rameurs de toutes couleurs; les cris, les chants des matelots, lui donnent une animation singulière.

Le *Rapide* jette l'ancre. Nous débarquons.

La situation de la ville est certes moins séduisante que celle de Cayenne. Tout autour s'étendent des marais qui ne doivent pas en rendre le séjour très-salubre. Quelle différence d'aspect pourtant entre ces deux villes !

En dépit de la chaleur et d'un soleil éclatant, une population nombreuse encombre les rues de Démérara. Les essieux des chariots attelés de bœufs, de mulets ou de chevaux crient sous le poids des lourds ballots de marchandises. Des *coolies*, aux faces bronzées, la tête entourée de turbans, le corps enveloppé d'une *pagne* blanche flottant au vent; les nègres d'Afrique, aux types si variés: des *Krowmen*, à la lèvre épaisse, au nez aplati; des *Yolofs*, noirs comme du jais, mais doués du pur type arabe; des Chinois, au teint olivâtre, aux cheveux plats et sans lumière, aux yeux faux et relevés par les bords comme ceux du lynx, transportent à dos les objets légers ou conduisent les attelages. Les négociants, les planteurs, vêtus de larges vestes de coutil blanc, vont et viennent d'un air affairé, les uns à pied, les uns emportés au grand trot de leurs chevaux, dans ces petites voitures étroites, montées sur des roues aux jantes légères, au diamètre démesuré, dont les Américains du Nord ont déjà importé en France la mode égoïste.

Tandis que j'examinais d'un œil d'envie, je l'avoue, tout ce mouvement, j'étais sorti de la ville. Tout à coup, un sifflement aigu me fait tressaillir, et je vois passer devant moi, à travers les immenses champs de cannes, dont les frêles roseaux et les panaches soyeux se courbent sous son souffle puissant, un monstre vomissant flammes et fumée. C'est une locomotive lancée à toute vapeur. Plus noirs que des enfants de la Savoie, quelques vieux palmiers, bordant le *rail-way*, me font l'effet d'avoir la mine aussi renfrognée que moi.

J'ai hâte de quitter cette ville dont la comparaison avec Cayenne humilie quelque peu mon amour-propre national. Heureusement, le soir même, le *Rapide* lève l'ancre et nous disons adieu à Démerara.

Parmi les passagers que nous avait amenés le steamer du *Royal-Mail-steam* etc., se trouvait mon ami le capitaine *Dupleix*, qui venait tenir garnison à Cayenne. C'était un garçon d'un cœur d'or, d'une intelligence élevée, mais d'une apathie à rendre des points à un Hindou. Il avait à mes yeux, ce jour là, le tort grave d'écouter d'une oreille plus que distraite les discours assez de circonstance (vous allez en juger) que je lui tenais, tandis que le *Rapide*, retardé encore par les courants, s'acheminait péniblement vers Cayenne.

— Mais pensez donc, lui disais-je, que ces gens-là, il y a deux cent soixante ans, n'avaient pas une seule colonie. Leur autorité s'étendait à peine aux îles de la Manche. Encore n'y était-elle que nominale. Aujourd'hui, ils possèdent : en Amérique, la Barbade, les Bermudes, Antigues, Saint-Christophe, les Iles Vierges, Névis, Montserrat, la Jamaïque, les Iles Fakland, la Barbade, la Dominique, Saint-Vincent, la Grenade, Sainte-Lucie, Tabajo, la Trinidad.

— « Ah! de grâce un moment souffrez que je respire, » dit-il.

— Respirez, mon ami... Les Iles de Bahama, de Vancouver, du Prince-Edouard, Terre-Neuve, les établissements de la baie de Honduras et de la baie d'Hudson, la Nouvelle-Écosse (notre ancienne Acadie), le New-Brunswick, le Canada, qu'ils nous ont quelque peu volé, et enfin la Guyane, dont nous venons de voir la capitale.

— Ouf! Est-ce fini?

— Oui, pour l'Amérique. En Afrique : Sainte-Hélène..

— Joli début, dit-il impatienté; mais ce n'est pas une colonie, ça; c'est un pilori où l'écriteau de leur honte est cloué pour l'éternité.

— Sierra-Leone, continuai-je, décidé à le pousser à bout, le Cap, la Cafrerie, Natal, Maurice (que nous avons occupé deux cents ans et qui s'appelait hélas! *Ile-de-France*). En Océanie : la terre de Van-Diémen, Norfolk, la Nouvelle-Zélande, (située à l'antipode de Paris et qui nous aurait si bien convenu pour établir nos déportés); un continent tout entier, qu'ils se sont adjugé, en vertu de je ne sais quel droit, et où ils ont déjà envoyé plus de cent mille *convicts*, qui, dit-on, y ont fait souche d'honnêtes gens. Savez-vous combien ces colonies océaniennes, fondées de nos jours, occupent de navires?

Il ne répondit pas. Il semblait résigné.

— Quatre mille, mon capitaine, et leur mouvement commercial se traduit par 195 millions d'importations et 135 millions d'exportations annuelles. Rien que cela. Qu'en dites-vous?

— Moi?... Rien!...

— Quelque peu fort qu'on soit en géographie,

on connaît les possessions de l'Angleterre en Europe. Partout où il y a sur mer un point stratégique important, elle s'en est emparée. Par *Heligoland*, elle a les clefs de la Baltique; par *Gibraltar*, celles de la Méditerranée; de *Malte*, elle veille sur la route de l'Égypte. Elle a l'insolence d'avoir des îles jusque dans les eaux de la France.

En Asie, sa puissance atteint des proportions qui effraient l'imagination : cent trente-deux millions de sujets, *trente mille* navires occupés au commerce de ces possessions lointaines; huit cent cinquante millions d'importations, un milliard et plus d'exportations! Quelle poésie ont parfois les chiffres! Ceux-ci, ce sont les mers labourées, dans tous les sens, par la proue des vaisseaux, les continents sillonnés par les chemins de fer, les peuples, la nature, les climats vaincus; c'est l'idée toujours nette et persévérante, triomphant des hommes et des choses.

On peut ne pas aimer les Anglais, mon capitaine; on peut détester leur politique; mais comment ne pas avouer que c'est un grand peuple, admirable, non par l'élévation des sentiments, je le concède; mais par maintes qualités pratiques et par cette indomptable tenacité, qui distingue la dure race Anglo-saxonne? L'historien, le philosophe découvriront dans des événements heureux, dans les tendances d'une politique habile se transmettant de siècle en siècle, les causes de cette prospérité inouïe... Mais sans chercher si loin, dites-moi, capitaine, vous qui avez été leur voisin dans l'Inde, n'avez-vous pas observé chez ces gens-là certaines qualités, allons, disons certains défauts, si vous le préférez, (mon Dieu je n'y tiens pas) qui expliquent la chance constante qui les favorise?...

Ce bateau marche comme un sabot. Nous n'avons rien de mieux à faire que de causer. Ne nous fâchons pas, tâchons plutôt de nous éclairer l'un l'autre. Voyons, répondez franchement à ma question. Croyez-vous que si l'étranger mettait le pied sur le sol de leur vieille Angleterre, les Anglais ne le défendraient pas avec autant de patriotisme que nous celui de la France?

— Peut-être, dit-il. Ils sont moins divisés que nous. Mais patience! la gloire (il pensait, sans doute à la Crimée qu'il venait de quitter) est en train de corriger tout cela. Que Dieu nous conserve longtemps l'Empereur, et, un jour, sous le rapport de l'union comme sous bien d'autres, nous n'aurons rien à envier à *vos amis*.

— Le ciel vous entende! capitaine. Je crois, en attendant, que la raison que vous avez donnée est vraiment la bonne; car enfin l'Anglais est moins attaché que nous au sol de son pays.

— Nous ne tenions peut-être pas davantage au nôtre avant 89, dit-il.

— C'est possible. Au point de vue de la colonisation, cela avait bien son bon côté. Il en résulte aujourd'hui un avantage marqué pour l'Anglais. Jugez en : il arrive dans le pays où il émigre : il y plante sa tente, non-seulement pour lui, mais pour plusieurs générations après lui... Nous, nous n'avons qu'une idée : nous faire des rentes, et le plus vite possible, et aller les manger en France.

— Mais morbleu! dit Dupleix n'y tenant plus, si le Français quitte difficilement son pays, s'il aime à y revenir, c'est qu'il s'y trouve bien apparemment. Autrefois, quand les inégalités sociales étaient révoltantes, quand la terre était possédée par un petit nombre, la souffrance physique et morale nous poussait aussi par les épaules hors de chez nous. Nous étions, peut-être, alors aussi aventuriers, aussi cosmopolites que d'autres... Mais aujourd'hui qu'il y a en France de la place au soleil pour tout le monde, que toutes les carrières sont ouvertes à tous, que le fils du paysan et de l'ouvrier, avec du travail de l'intelligence, peut entrer dans les rangs de cette bourgeoisie instruite, probe, courtoise, qui est bien ce qu'il y a de plus respectable en ce monde, pourquoi voulez-vous qu'il émigre ? Le Français n'est pas d'ailleurs plutôt hors de France, qu'il voit que son pays est le plus beau, le meilleur, le plus noble qu'il y ait sous les cieux, comment voulez-vous qu'il ne désire pas y retourner ?

— D'accord, d'accord, lui dis-je, voyant qu'il y prenait goût; vous prêchez là un converti. Ainsi le Français, hors de France, considère la terre qui le porte comme une terre d'exil. Sa pensée est un éternel *Super flumina*. Il ne rêve, il ne parle que de la France. Voilà précisément le mal : Comment voulez-vous, vous demanderai-je à mon tour, rien fonder de durable, en fait de colonies, avec de pareils sentiments ?

— Mais comment aussi, reprit-il vivement, blâmer cet amour, même exagéré, de ces enfants pour leur mère ?

— Que d'autres, dis-je sérieusement cette fois, condamnent ces pécheurs. Ce n'est certes pas à nous qu'il appartient de leur jeter la première pierre...

Il se fit un moment de silence. Dupleix venait de quitter ses vieux parents, une jeune sœur, je vis que ces souvenirs le gagnaient et qu'il allait retomber dans sa tristesse. Aussi l'attaquai-je de nouveau : il n'y a rien de tel que la lutte pour chasser le chagrin.

— Il est encore, lui dis-je, d'autres considérations, un peu moins flatteuses pour vos *clients*, et qui expliquent aussi leur infériorité hors de chez eux. Vous avez vu des colonies de Français à l'étranger; avez-vous remarqué ce qui s'y passe, quand survient un compatriote? Le premier jour, on le fête, on le choie : tout nouveau, tout beau, c'est la devise du Français. Qu'une semaine après, il arrive au nouveau-venu quelque mésaventure, même sérieuse, mais qui prête à la plaisanterie, ses concitoyens sont les premiers à en faire gorges-chaudes. Ne sommes-nous pas le peuple le plus spirituel de la terre ? il faut bien soutenir sa petite réputation.

— Mais si la chose est vraiment sérieuse, dit Dupleix. Il y a le consul...

— Ah ! le consul... Voilà bien le Français, qui a toujours besoin d'être protégé, parce qu'on l'a toujours habitué à l'être. Les Anglais font mieux ; d'abord, jamais ne rient et encore moins ne souffrent qu'on rie d'un des leurs. Tout fils d'Albion, hors de son île, devient pour ses compatriotes une sorte d'arche sainte, à laquelle il ne faut pas toucher. Ils n'attendront donc pas qu'il aille chercher le consul, l'ambassadeur pour le défendre, s'il en a besoin, mais se lèveront tous comme un seul homme : l'ambassadeur, le consul suivront ensuite le mouvement [1] J'ai toujours admiré, chez d'autres, ce cri superbe : « *Ego sum civis Romanus !* » Ma foi, je l'admire aussi chez les Anglais. Puissent nos chers compatriotes s'inspirer de ce

---

1. J'ai trouvé dernièrement dans un journal (Siècle du 20 avril 1865) une petite anecdote à l'aide de laquelle, si je l'eusse connue à cette époque, j'aurais abattu mon ami le capitaine Dupleix comme avec un biscayen... La voici :

» Aux courses qui viennent d'avoir lieu à Rome, le gentleman qui montait le cheval du prince Doria, M. Spiers, portait les couleurs italiennes. A sa vue, la foule, éclate en applaudissements frénétiques ; les applaudissements redoublent lorsqu'on apprend que le sportsman tricolore est vainqueur. Jamais ovation pareille n'accueillit le triomphateur du Derby lui-même.

» La reine de Naples avait eu le bon goût de se faire présenter M. Spiers et de lui remettre un bouquet, mais monsignor Matteucci, en sa qualité de gouverneur de Rome et de monsignor, n'était pas tenu de se montrer si spirituel ; le voilà donc qui s'adresse au consul anglais pour qu'il demande des explications à M. Spiers ; ces explications n'ayant pas paru suffisantes, le cardinal Antonelli est consulté ; sa réponse est formelle : M. Spiers partira dans les vingt-quatre heures ; mais on n'expulse pas aussi facilement un Anglais que les monsignors se l'imaginent. Au moment où il croit que l'exilé fait ses malles, la police apprend au cardinal Antonelli qu'on va placarder l'avis suivant dans tous les hôtels de la ville :

sentiment de solidarité qui est l'honneur d'une nation et fait d'elle comme une aristocratie entre tous les peuples !...

— Ils y viendront, dit Dupleix, quand ils sauront qu'il y a derrière eux un pouvoir fort, capable de les soutenir... Nous n'y avions guères été habitués jusqu'à ces derniers temps ; mais les « temps sont changés... »

En ce moment, la terre de Cayenne apparaissait

« Une réunion des sujets anglais aura lieu au consulat anglais afin de décider qu'elle ligne de conduite doit être adoptée en conséquence de l'ordre injuste et illégal donné à notre compatriote M. Robert Napier Spiers d'avoir à quitter Rome dans les vingt-quatre heures.

» Si le cardinal ne voulait pas revenir sur sa décision, M Odo Russell serait prié de faire reconnaître la résolution de ses compatriotes avec cette addition que, si le gouvernement considérait une telle réunion comme illégale, il en serait alors référé au gouvernement anglais. »

» Le gouvernement romain propose un arrangement. M. Spiers quittera Rome, il y rentrera au bout de vingt-quatre heures, et le meeting n'aura pas lieu. Refus des Anglais représentés par lord Vane : Je n'oserai plus me montrer dans aucun club de Londres, dit sa seigneurie, si en ma qualité de pair d'Angleterre et de premier sujet anglais à Rome, je ne protestais pas contre une si monstrueuse injustice commise contre un de mes compatriotes. »

» Une heure après, le cardinal Antonelli jugeait les explications de M. Spiers très-satisfaisantes et retirait l'ordre de départ.

» Tout autre qu'un citoyen anglais serait parti, cela va sans dire, heureux encore d'en être quitte à si bon marché. »

à l'horizon; car à bâtons rompus, nous nous étions amicalement querellés toute la traversée, excellente méthode pour tuer le temps, que je me permets de recommander aux navigateurs désœuvrés.

— Ah! ma foi, capitaine, lui dis-je; pour en finir, voilà une chose, au moins sur laquelle nous allons tomber d'accord.

— Voyons...

— C'est que comme peuple ou comme individus, les Anglais ont un défaut, un vice, si vous voulez, qui en politique ou en affaires, devient une qualité, une vertu même, et leur donne sur les autres, peuples ou individus, une supériorité immense par la grande liberté d'action qu'ils y puisent. Je veux parler de leur incommensurable, de leur féroce égoïsme [1].

— Oh! pour cela, d'accord, mille fois d'accord!... Et il se mit à rire de fort bon cœur.

— Ah! pardon, reprit-il. C'est que je suis toujours heureux de voir finir par un franc rire toutes les discussions. C'est la seule façon de se quitter contents et bons amis. Et puis votre axiome sur

---

[1] On n'avait pas encore dit, à cette époque pourtant, que la liberté et la vie de toute l'Italie ne valaient pas un écu et une goutte de sang anglais.

l'égoïsme Anglais me rappelle un tour tout récent, et assez drôle, que m'a joué un de ces coquins-là, avec le flegme qui n'appartient qu'à eux. Voici la chose : Vous savez combien je suis malade en mer. Dix voyages n'ont pu me faire le cœur marin. Aussi, afin d'abréger autant que possible ma dernière traversée, avais-je demandé à m'embarquer sur un *Royal steam* etc., etc., quelconque. L'État nous donne six cents francs pour le passage sur un navire du commerce, je fis la différence de mes propres deniers. Eh! bien, mon bon, on me paierait aujourd'hui, et bien cher, que je ne mettrais pas les pieds sur un de leurs bateaux. C'est bien tenu. Il leur faut rendre cette justice. Mais d'abord ils graissent tant et si bien toutes leurs damnées machines qu'un Cosaque en mangerait. De là, une odeur qui peut ne pas incommoder un habitant de *London*, mais qui a failli me coûter la vie. Et puis, une fois dans ces infernales boîtes, on n'est plus un homme, mais un coli. Ajoutez à cela qu'on y mange du matin au soir. Le matin en se levant, le thé ; à neuf heures, le déjeuner ; à trois heures, le *lunch* ; à cinq heures, le dîner ; à sept heures, le *re-lunch* ; à neuf heures, le thé encore, et j'en oublie, j'en suis certain. Quel bonheur pour un homme qui a l'estomac à l'envers que de voir des gens qui *ingurgitent* ainsi tout le jour, et d'entendre ce bruit continuel de fourchettes et de vaisselle! J'en étais écœuré! Il me semblait que si j'avais pu me lever, j'aurais dévoré de rage toutes les provisions du bord, pour affamer tous ces *goinfres* et mettre fin à ces *mangearias* perpétuelles. Mais j'étais couché, malade, et on m'aurait laissé mourir, faute d'un verre d'eau..... J'avais pour compagnon de chambre un capitaine d'artillerie Anglaise qui allait tenir garnison à Demerara. « Monsieur, lui dis-je, pour l'amour de Dieu, priez le *stewart* (domestique des passagers) de me porter un verre d'eau sucrée. » Il y avait quarante-huit heures que je n'avais rien pris. Ce maudit mal de mer m'abat à ce point de me rendre, pendant les quatre ou cinq premiers jours, incapable de tout mouvement, même pour aller chercher ma pâture. Il me regarda avec ses yeux glauques et me répondit dans un idiome tellement indigeste que j'en sentis comme augmenter mon mal de mer.... Il était évident que ce monsieur et moi, nous ne pourrions jamais nous comprendre. En effet, pendant toute la traversée nous n'échangeâmes pas une seule pensée, même par geste. Et au même moment, nos camarades se faisaient rompre les os a Inkermann et ailleurs pour ces gaillards-là!..... Enfin, nous arrivons à Demerara. Le Commandant du *Rapide* eut la bonté, vous le savez, d'envoyer à bord du steamer deux matelots, pour enlever mes malles. Il paraît que l'un d'eux traitait avec assez peu d'égards les effets de mon Anglais; car je l'entendis lui dire vivement, avec un léger accent Britannique, mais en usant de néologismes, qui prouvaient sa parfaite connaissance de notre langue :

— Ho! Bêeete, voulez-vous ne pas *bousculer* ainsi mon bagage (il prononçait béguège)?

L'animal parlait français comme vous et moi...

— Ah! ah! ah! capitaine, dis-je en riant à mon tour. Je conçois que vous n'aimiez pas les Anglais; car vous avez joliment été *refait au même*, comme aurait dit ce monsieur si fort en néologismes.

Ce fut en riant que nous fîmes notre entrée à Cayenne. Après avoir jeté un coup d'œil sur la ville, mon ami le capitaine Dupleix avoua pourtant, malgré tout son patriotisme, que c'était moins gai que Demerara.

— N'importe, dit-il, en respirant fortement. Ça sent meilleur : C'est une terre Française!

XXIV

Après notre retour de Demerara, mon séjour à Cayenne ne fut que de courte durée. L'*Oyapock* partait pour la Comté. J'en profitai pour retourner dans nos bois. *Sainte-Marie* étant en état de recevoir les *condamnés*, on allait fonder un pénitencier voisin pour y transférer les *libérés*.

Le Gouverneur me donna le commandement de ce nouvel établissement. Il devait s'élever sur l'emplacement de l'ancienne habitation *Power*. On le baptisa, avant même sa naissance, du nom *Saint-Augustin* (patron des *repentis*).

Qui croirait que dans ces bois, où le petit nombre d'honnêtes gens aurait dû former un noyau compact, des rivalités de métier divisèrent, dès les premiers jours, les officiers des deux établissements?... *Sainte-Marie*, pour commencer, loin de montrer envers son voisin la générosité dont avait fait preuve à son endroit l'*Ilet-la-Mère*, n'envoya à *Saint-Augustin* que ses vieillards et ses infirmes. Heureusement l'intelligence pratique de celui qui dirigea les premiers travaux suppléa à l'insuffisance des moyens mis à sa disposition. Ce soin avait été confié à M. *Vernier*. Grâce à son esprit industrieux et à sa parfaite connaissance des ressources locales, notre nouvel établissement fut bientôt en mesure de recevoir une centaine de transportés. On les logea d'abord dans les anciennes cases à nègres suffisamment restaurées pour servir d'abris provisoires.

Nos magasins furent construits avec des cases en fer, dont on voulait tirer partie. Ils s'élevaient au pied de la colline de Power, non loin des ruines de l'ancienne sucrerie. Il existait là un canal creusé de mains d'hommes qui permettait autrefois de venir embarquer les sucres à l'usine. On le déblaya des lianes, des herbes, de la vase, des bois qui l'encombraient, afin de pouvoir amener nos provisions au seuil même de nos magasins. A côté, on construisit le four, la boulangerie, et une petite caserne pour le poste d'infanterie préposé à la garde de nos approvisionnements. Il ne nous était pas permis d'avoir ici la naïve confiance des nègres.

Un vaste déblai avait aplani tout le sommet de la colline, où les anciens propriétaires n'avaient nivelé que la portion du terrain que couvrait leur maison. C'est là qu'on construisit le logement de l'État-major, et près de la crête de ce plateau dominant les rangées de carbets occupés par les transportés, la caserne de la gendarmerie et de la troupe.

Pendant que ces travaux s'exécutaient nous continuions à habiter Sainte Marie, où nous retournions chaque soir. Aussi quand on prit possession de *Saint Augustin*, on n'eût pas à y supporter les ennuis et les misères qui avaient signalé les premiers temps de notre séjour à la Comté. Le jour même de notre changement de domicile, nous trouvâmes un logement provisoire composé encore de cases en fer; mais couvertes en bardeaux, planchéiées et suffisamment closes pour nous mettre à l'abri de l'excessive humidité des nuits et des attaques des insectes et des vampires. La brise qu'on ne sentait presque jamais sur le plateau, trop peu élevé, de Sainte Marie balayait, ce jour-là, les terrains en pente de l'ancienne habitation. Elle circulait librement à travers la masse de verdure des palmiers, des orangers, des calebassiers, des paripous, des manguiers, que les esclaves avaient plantés autrefois autour de leurs demeures. Les cases à nègres, remises à neuf, et badigeonnées au lait de chaux, se détachaient toutes blanches sous ces ombrages. Du seuil de notre logement, on voyait à ses pieds la grande cheminée de la sucrerie; à côté, les bâtiments qui servaient de magasins, avec leurs murailles fraîchement peintes et leurs toits jaunes de bardeaux, brillant au soleil; plus loin le vieux hangar, noirci par le temps, sous lequel dormait la machine à vapeur; puis la Comté, qui, après quelques détours, disparaissait au milieu des arbres; enfin la forêt, éternellement verte, s'étendant de tous côtés, aussi loin que la vue pouvait aller. La ligne d'horizon était brisée au Nord par les jolies collines de la *Rivière des Cascades;* au Sud, un rideau de montagnes bleues, dont la chaîne sépare les eaux de l'*Orapu* de celles de la Comté, se dressait en amphithéâtre autour de nous. Le soleil des Tropiques jetait sur ce vaste panorama des flots de lumière. C'était un spectacle vraiment magnifique. On pouvait concevoir, jusqu'à un certain point, que, ne s'arrêtant qu'à la surface des choses, ceux qui avaient préconisé la Comté eussent été séduits par ce coup d'œil.

Moi-même, malgré l'expérience des mois passés, j'espérai un moment que sur cette éminence, profitant, grâce aux défrichements, du moindre souffle de la brise, qui courait seulement sur la cime des grands arbres, nous serions hors de l'atteinte des exhalaisons miasmatiques.

Cette illusion s'évanouit avec la lumière... Le soir, lorsque l'ombre commença à couvrir la forêt, nous vîmes descendre, de tous les points du ciel, de longues colonnes de vapeur. Elles s'étendirent, peu à peu, en une immense nappe horizontale, sous laquelle la terre entière fut comme ensevelie.

Les nègres, toujours superstitieux, soutiennent que ce sont de grands *zombies* (fantômes) blancs, qui viennent la nuit s'accroupir sur la coupole de la forêt et y semer le poison de la fièvre. Pour nous, il nous semblait voir notre campagne de France dormant, une nuit d'hiver, sous son manteau de neige... Mais ce manteau, si sain là-bas, porte ici la mort dans ses plis. Savez-vous comment on l'appelle dans le pays ? Le *linceul des Européens!*...

Du sommet de la colline de *Power*, on voit surgir de cette blanche surface, comme des rochers sur la mer, les cimes noires de quelques grands arbres... Au-dessus, brille dans toute sa splendeur et sa sérénité, le ciel étincelant des Tropiques. Mais bientôt tout cet océan, immobile d'abord, s'ébranle... Les flots montent, comme une marée battant les flancs de notre colline. Les cases à nègres, les palmiers jusqu'à la cime, notre plateau, où nous semblons des naufragés d'un déluge universel, tout est submergé... Une à une, les étoiles s'éteignent et la Comté tout entière est plongée au fond de l'Océan pestiféré.

Le lendemain on aperçoit, à travers ces brouillards qui ont quelquefois une odeur fétide, un soleil livide, tel qu'il dut apparaître à Noé, à la fin du quarantième jour... Mais peu à peu, les nuages se dissipent, et, de neuf heures du matin à six heures du soir, les illusions sur la salubrité de la Comté peuvent se renouveler comme la veille.......

Il est facile d'expliquer l'apparition régulière de ces brouillards qui enveloppent, chaque soir, tout le pays. Le sol de la Comté se compose d'une couche plus ou moins épaisse d'humus et d'un fond d'argile très-compact. Les eaux pénètrent difficilement plus loin que la surface argileuse et entretiennent la couche végétale dans un état de constante humidité... Quand le soleil frappe sur cette terre détrempée, il fait évaporer en grande partie l'eau qu'elle contient, qui se répand dans l'atmosphère, entraînant avec elle une masse de substances délétères. Puis le soir, la terre se refroidissant, ces vapeurs se condensent, et l'on voit se déplier sur le pays la blanche serpillère, le *linceul des Eu-*

ropéens. Le lendemain matin, un soleil de feu dissipe non sans peine, nous l'avons vu, ces brouillards, qui reparaîtront de nouveau avec la froidure de la nuit; mais qui, visibles ou invisibles, le jour comme la nuit, font respirer à *tous* un poison qui tue aussi sûrement que celui des Borgia.

C'est à dessein que je dis à tous; car ce prétendu linceul des Européens est aussi bien celui des Créoles que des hommes du Nord. Les animaux même se font difficilement à cet air empoisonné. Souvent les bœufs qu'on nous envoyait de Cayenne, quand ils avaient passé un mois à Saint-Augustin, se couchaient sur le flanc, tremblant de tous les membres, comme gens que glace le frisson de la fièvre, et mouraient après avoir traîné plus ou moins longtemps.

On chercha longtemps la cause de cette mortalité... Enfin un jour où il était mort quatre de ces animaux (ce qui constituait une assez forte perte pour l'administration) je fis ouvrir le cadavre de l'un d'eux... On trouva tous les organes dans un parfait état, sauf la rate qui avait un volume extraordinaire, et était complétement engorgée.

— Il n'y a pas à en douter, dit le docteur D..., jeune chirurgien fort distingué qui dirigeait le service médical de Saint-Augustin, ces animaux meurent de la fièvre, tout comme les hommes.

— Et pensez-vous, lui demandai-je devant la commission réunie, pour juger de la qualité de la viande, que la chair de ces bœufs pourrait être nuisible à ceux qui en mangeraient?...

— Je ne le crois pas, répondit-il... D'ailleurs, nous pouvons commencer à essayer sur nous-mêmes.

Nous en fîmes, en effet, l'essai à notre propre table. Le docteur D... avait raison : nous n'eûmes ni malaise, ni indigestion. Depuis cette expérience, il n'y eut plus lieu de porter au budget de la transportation, à l'article des *Dépenses imprévues*, les pertes occasionnées par la fièvre paludéenne.

Hommes et bœufs ne mouraient pas moins qu'avant notre découverte; mais la mort des bœufs n'était plus une perte, celle des hommes, hélas! était un bénéfice............

Pour ne pas terminer ce chapitre sur une réflexion aussi lugubre, je veux vous faire part, ami lecteur, d'un phénomène acoustique assez curieux que produisait encore la présence de ces brouillards, répandus, la nuit, dans l'atmosphère de la Comté.

Chacun sait que l'eau est un meilleur conducteur du son que l'air. C'est pour cela que, par les temps humides, on entend à de bien plus grandes distances que par un temps sec. De plus, en France, dans nos villes, et même dans nos campagnes, plus peuplées de bêtes domestiques façonnées à nos habitudes que d'animaux farouches, le jour tout vit et se meut avec l'homme ; la nuit, tout repose avec lui. On n'entend plus la voix des laboureurs, le hennissement des chevaux, la sonnette des troupeaux dans les champs, les aboiements des chiens. Tout se tait. La nature entière sommeille. Dans les forêts vierges, c'est tout l'opposé. Le jour, nous l'avons vu, un silence immense enveloppe ces solitudes, où la vie végétative semble seule exister. Mais le soir, dès que le soleil a disparu de l'horizon, une obscurité profonde règne sous ces dômes de sombre verdure. Alors, tout un monde invisible se met en mouvement. Les lucioles, les fulgores, tous les insectes phosphorescents s'allument comme des feux-follets. Les termites, les fourmis se mettent à leur travail de destruction. Sous des millions de mandibules microscopiques les troncs gigantesques gémissent. L'œuvre mystérieuse des infiniment petits a commencé... Puis, comme un incendie qui se propage, la vie gagne les régions supérieures. Les reptiles se réveillent et se cherchent dans les ténèbres. Les vampires passent rapides comme des ombres. Enfin la terre tremble sous le poids des gros bataillons qui s'ébranlent ; l'air retentit de leurs cris....

Sur notre plateau, enveloppés comme nous l'étions de l'atmosphère sonore, formée des brouillards de la nuit, tous ces bruits de la forêt nous arrivaient avec une netteté, assez effrayante parfois.

Un soir fort tard, j'allais m'endormir, bercé par le chœur lointain des *crapauds-taureaux*, qui croassaient dans la plaine. Tout à coup d'affreux hurlements me tirent de mon demi-sommeil et me font bondir hors de mon lit.

Un fusil de chasse était toujours à portée de ma main. C'était une précaution qui pouvait être utile avec nos concitoyens de la Comté. Je m'en saisis et, à demi-vêtu, je sors de ma baraque... Je me serais fait rire moi-même, si j'avais pu me voir ainsi, déguisé en bandit de mélodrame, l'escopette à la main.

Les hurlements avaient cessé. Au milieu des brouillards, quelque chose, comme une forme humaine, se dessinait, accroupie à l'angle de notre maisonnette. Il était peu probable que ce fût là l'animal qui poussait des cris aussi affreux. Je m'en approchai, toutefois, avec précaution. C'é-

tait... je vous le donne en cent?... l'*ami Téléma-*
que. Arrivé le jour même à Saint-Augustin, il avait
passé la soirée avec nous. Le sommeil ne venant
pas, il fumait philosophiquement sa vieille pipe,
dont la fumée luttait avec la vapeur aqueuse qui
l'enveloppait... En ce moment les cris recommencèrent. C'était à la fois lamentable comme la voix
d'un chien qui hurle la mort, et terrible comme
un rugissement... Télémaque cependant demeu-
rait impassible.

— Es-tu donc sourd ce soir, lui dis-je, que tu
n'entends pas le vacarme que font les tigres?

— Les tigres, répéta-t-il... Ce ne sont pas des
tigres.

— Qu'est-ce donc?

— Ce sont des singes-rouges.

J'avais souvent entendu parler de ces singes,
appelés aussi *singes hurleurs;* mais parmi les animaux de la création, je croyais le lion et le tigre
seuls, capables de tels rugissements.

— Eh bien, dis-je à Télémaque, puisque me
voilà réveillés et armés, et que le temps est assez
clair cette nuit. *Go a head!* mon vieux brave. Nous
allons descendre un de ces hurleurs, avant de nous
recoucher.

Il se mit à rire de son rire silencieux et me dit :

— Vous vous rappelez le *morne* où nous sommes allés, il y a huit jours?

— Parfaitement.

— Nous avons mis plus d'une heure pour nous y rendre, n'est-ce pas?

— C'est vrai.

— Eh bien, les singes que vous entendez sont encore plus loin, sur l'autre morne qui vient après celui là, en allant vers la plus haute montagne.

Si, à plusieurs reprises je n'avais eu l'occasion de constater que les discours de Télémaque étaient toujours sérieux, j'aurais cru qu'il voulait se moquer agréablement de moi.

— Je ne serais pas fâché de voir de plus près un de tes singes, puisque singe il y a, lui dis-je. Je veux leur faire payer la peur qu'il m'ont faite ce soir. Peux-tu m'en faire tuer un?

— Certainement, répondit-il. Demain j'irai voir où ils mangent. Je les *veillerai*, et après demain nous irons.

En effet, deux jours après, le matin à dix heures, nous partîmes de St-Augustin. Chemin faisant, Télémaque me donna quelques détails sur les hurleurs.

— Vous verrez tout-à-l'heure, me dit-il, l'instrument avec lequel ils font leur satanée musique.

C'est une espèce de *calebasse* osseuse, qu'ils ont sous le menton. L'air qu'ils soufflent, en criant, s'y engouffre et produit ce bruit affreux que vous avez pris, l'autre soir, pour des rugissements de tigre.

Et comme s'il eût craint que son explication ne fût pas à ma portée, il fit, de ses deux mains, une sorte de boule creuse qu'il porta à ses lèvres, et, soufflant par l'ouverture ménagée entre les pouces, il imita le cri du hurleur.

— Très-bien, lui dis-je : c'était inutile. Et combien sont tes singes pour faire leur sabbat ? Une vingtaine ?

— Une vingtaine ! répéta-t-il en riant. Deux, au plus, le mâle et la femelle. C'est au moment des amours qu'ils crient le plus fort : d'abord pour s'appeler, et ensuite pour témoigner sans doute qu'ils sont contents de s'être rejoints.

Télémaque prétendait encore que les hurleurs font quelquefois des solo pour leur agrément personnel, et qu'alors ils crient à certaines heures fixes de la nuit, d'où vient, disait-il, qu'on les appelle *horloges-des-bois*; « nom d'autant mieux mérité qu'ils se suspendent souvent par la queue et hurlent ainsi en se balançant. » Le hurlement dure alors le temps d'une oscillation : ce qui expliquerait la régularité de ces cris, qui sont presque toujours *isochrones* comme les battements d'une horloge. Mais tout cela n'est peut-être que contes inventés par l'imagination des nègres des bois, et j'en laisse, bien entendu, la responsabilité à *l'ami Télémaque*. Cependant, en suivant un chemin, que nous indiquaient quelques entailles faites de loin en loin à certains arbres de la forêt, nous étions arrivés à la troisième colline de la chaîne de montagnes, qui, au sud, entoure le plateau de *Saint-Augustin*. Là, Télémaque s'arrêta, ramassa sur le sol quelques graines à demi-rongées, examina attentivement un grand arbre, au-dessus de nos têtes et me dit, en étendant le bras :

— *Mi-oun!* (En voici un).

Je regardais en vain vers le point qu'il m'indiquait. Enfin, un imperceptible mouvement me révéla la présence de l'animal. Je distinguai deux yeux ronds, qui nous regardaient fixement comme ceux d'un homme. J'épaulai lentement. Dans la direction de la ligne de mire, je voyais toujours ces deux diables d'yeux. Le cœur me battait malgré moi. Il me semblait que j'allais tirer sur un être humain. Je lâchai la détente. Le coup partit. Les branches craquèrent et une lourde masse tomba avec un bruit mat à quelques pas de nous. Il était mort, mais les yeux étaient restés ouverts et semblaient nous regarder toujours. Je dis à Télémaque de les fermer.

C'était un vieux, vieux singe, peut-être le patriarche de ces bois. Sa tête était légèrement dégarnie. Le rictus de la mort laissait voir ses dents, noires et usées comme celles de certains vieux fumeurs de pipe. Sous le goître qu'il avait à la partie antérieure du col, pendait une sorte de barbe rouge tout effilochée. Télémaque, qui, en homme de précaution, avait apporté un sac, y mit le cadavre et le chargea sur ses épaules.

Quelques jours après, il m'apporta, parfaitement empaillée, la tête de ma victime. Il lui avait laissé sa *boîte osseuse*. La gueule était ouverte, comme il convient à un hurleur. Cette tête, je l'ai apportée avec moi en France et donnée à un mien ami, qui disait toujours aux visiteurs « que c'était celle d'un vieux et respectable nègre, qu'on avait *décollé* à Cayenne. » Or cet ami avait un chien de Terre-Neuve, nommé *Black*, et Black avait voué une haine terrible à la tête empaillée. Un jour qu'on avait oublié de l'accrocher au clou, par lequel elle était d'ordinaire suspendue à la muraille, il se jeta sur elle comme un furieux, et la mit en pièces.

O vicissitude des choses humaines ! « Pauvre Yorick ! » comme disait Hamlet.

XXV

Du singe à l'homme, la distance n'est pas tellement grande qu'il faille chercher une transition pour passer de l'un à l'autre. Revenons donc, sans plus de façons, à nos transportés.

Dès les premiers jours de leur arrivée à Saint-Augustin, ces *libérés* avaient été divisés en deux catégories bien distinctes : les ouvriers de profession et les simples manœuvres qui habitaient le camp ou les chantiers, et travaillaient pour l'administration, moyennant un faible salaire; les *concessionnaires*, auxquels on distribua quelques terres sur l'emplacement des anciens *abatis*. Au bout de cinq ou six mois, l'établissement était complétement transformé. Les vieux carbets à nègres avaient été démolis. On les remplaça par des cases en fer qu'on voulait utiliser à toute force, et des baraques en bois de huit mètres de long sur six de large, qui se construisaient sur l'établissement.

En arrivant de Cayenne, on apercevait tout à coup une trentaine de ces petites cases bien proprettes, s'étageant en amphitéâtre sous les palmiers, ou cachées à demi sous ces grands arbres à larges feuilles qu'on appelle ici *arbres à pain* [1]. Le coup d'œil était vraiment fort gracieux. Sur le plateau, la longue case en fer, où l'état-major du pénitencier était logé, un peu pêle-mêle, dans les débuts, disparut aussi. On bâtit là une jolie maison, qu'occupaient le commandant particulier, le chirurgien-major de l'établissement et l'officier qui commandait la troupe. Cette maison, entourée d'une faible palissade, semblait le domaine seigneurial appelé à protéger le village qui s'étendait à ses pieds. Au fur et à mesure que les alignements du camp forçaient d'abattre certains palmiers, on eut l'idée de les enlever avec leurs racines, comme je l'ai vu faire depuis à Paris pour les arbres de nos promenades publiques, et de les planter en cercle autour de notre maison, le long de la crête du plateau.

---

1. Encore un de ces arbres auxquels n'avait pas songé le bon La Fontaine. L'*arbre-à-pain* (artocape ou jaquier) est non moins élevé que le *chêne* et porte des fruits de la grosseur et de la forme d'une *citrouille*. Ces fruits, pleins d'une chair très-nourrissante (ce qui leur a valu leur nom de *fruits à pain*), sont, à la vérité, assez tendres et s'écrasent facilement en tombant sur le sol.

— Bientôt, pensais-je, on abandonnera ces établissements (je n'étais pas de ceux, loin de là, qui croyaient « aux villes futures de la Comté). » Nos éphémères constructions auront vite disparu. Mais ces palmiers formeront longtemps encore comme une gracieuse couronne qui dominera toute la forêt. Nous aurons laissé notre signature dans ces déserts.

Pour le camp des transportés seulement, un plan uniforme avait été adopté. On avait semé les autres habitations partout où il y avait un peu d'ombre et de fraîcheur. Les baraques occupées par le chirurgien en second, le chef du service administratif, les sœurs de charité, s'abritaient à droite de la maison du commandant, sous une belle allée de manguiers, plantée par les anciens propriétaires de *Power*. En face, au milieu d'un plateau, qui avait exigé de grands travaux de terrassement, on avait commencé les fondations d'un vaste hôpital de cent lits pour les transportés. Celui du personnel libre était situé à côté. Cette variété dans les constructions donnait au nouvel établissement un air de gaîté qui manquait complétement à Sainte-Marie.

Sur les collines voisines, s'élevaient les cases des concessionnaires. Ceux-ci bâtissaient leurs maisons comme ils l'entendaient. Ils les juchaient généralement sur des *fourcas* à la façon des Indiens. Au rez-de-chaussée, trouvaient place leurs instruments de culture et les plants qu'on leur distribuait. Eux-mêmes logeaient à l'étage supérieur. Ceux qui reçurent à cheptel une vache ou des porcs eurent soin de clore le rez-de-chaussée de leur cabane, qui servit d'étable pour leurs animaux.

Les concessionnaires s'associèrent d'abord deux à deux. Il arriva que souvent la fièvre retenait les deux associés à la fois sur leurs hamacs. Les animaux souffraient; les poules qui leur donnaient le plus clair de leurs bénéfices, mouraient ou étaient mangées par les voisins; la terre, abandonnée à elle-même, était envahie par les herbes parasites, qui poussent vite dans ces pays, et, voyant compromis les fruits de plusieurs semaines de travail, ces hommes se laissaient aller au découragement.

On prit alors le parti de les faire travailler par groupes plus nombreux. On savait bien cependant que la difficulté de l'association, avec de telles gens surtout, augmente avec le nombre des associés. Mais c'était comme des défenseurs qu'on enfermait dans la place, je veux dire la concession, pour la protéger contre l'ennemi commun ; la fièvre. Malgré le nombre, les assiégés eurent encore le dessous. A la Comté, la fièvre palustre possède la terrible puissance d'une de ces machines infernales qui abattent, dit-on, tout un bataillon d'un seul coup. A peine avait-on organisé un groupe de concessionnaires, que la fièvre venait tout démolir : c'était le rocher de Sisyphe que nous roulions.

Cependant, bien que je pressentisse l'inutilité de nos efforts et les dangers de notre situation, il me répugnait d'abandonner la partie. J'avais fini d'ailleurs par m'attacher à ces pauvres diables, que je voyais souffrir et mourir sous mes yeux.

C'est un préjugé des temps anciens, qui n'a pas encore disparu du nôtre, de croire qu'un homme condamné aux galères, laisse son cœur et son âme à la porte du bagne ; que, dès qu'il en a franchi le seuil et revêtu la casaque, une lèpre morale l'enveloppe à jamais, qui fait de lui quelque chose de monstrueux, un être innommé, tenant de l'homme par la parole et la pensée, de la brute par tous les instincts.

C'est avec de telles préventions que notre société rend tout repentir inutile, tout retour au bien impossible, à ceux qu'elle a une fois bannis de son sein. J'ai eu à Saint-Augustin un exemple saisissant de cette vérité.

Parmi les *libérés* qui habitaient le camp, j'en avais remarqué un, d'un caractère très-doux, triste même. Il se tenait presque toujours seul et à l'écart. Ses camarades cependant, malgré le peu de goût qu'il semblait prendre à leur société, lui témoignaient beaucoup de bienveillance. Cet homme était un ancien maître d'école, qui, tout jeune encore, avait été condamné pour un de ces crimes, où l'ivresse des sens conduit en un instant, mais aux quels n'a aucune part le calcul d'une âme pervertie.

Au mois de juillet 185., les fièvres retenant à l'hôpital tous les employés qui travaillaient au bureau, je le pris pour tenir les écritures. Le voyant de plus près, il me fut facile de l'étudier davantage, et j'acquis la conviction que, dans cet ancien forçat, il y avait encore l'étoffe d'un honnête homme. Les circonstances ne me permirent pas, il est vrai, de mettre son repentir à l'épreuve. Mais il est certains mouvements spontanés auxquels il est difficile de se tromper.

Un jour (c'était après un violent accès de fièvre), à propos d'un travail mal fait, je me laissai aller à un mouvement d'humeur. Un mot dur, presque insultant, s'échappa de ma bouche. Cet homme tressaillit, et jeta sur moi un regard rapide, où je lus cette expression de reproche muet qu'on voit dans l'œil des chiens qu'on fouette injustement. Mais ses yeux ayant rencontré les miens, il courba tristement la tête... J'eus honte de mon emportement, envers un être qui ne pouvait que se taire.

J'avais vu souvent des camarades de ce malheureux, mourant dans un accès de fièvre *algide*. La bouche contractée, la face pâle, les prunelles renversées, ils semblaient de véritables cadavres. Le docteur *Durand*, chef du service de santé de Saint-Augustin, leur appliquait avec un fer rouge quelques moxas sur la tête. Un imperceptible tressaillement de douleur agitait quelquefois le cadavre. Le malade n'était pas mort, et souvent un traitement énergique le ramenait à la vie.

— Ma dure parole, pensai-je, a été le moxa appliqué à l'âme de ce malheureux. L'âme a tressailli : elle n'a pas quitté le corps. Qui sait si avec quelques soins, on ne rendrait pas à celui-ci la santé morale, comme on rend aux autres la santé physique?

Le lendemain, l'occasion s'étant présentée de lui dire une parole bienveillante, faite pour réparer ma vivacité de la veille, je la saisis. Il fixa sur moi un second regard qui me remua plus encore que le premier. Ce regard était humide de reconnaissance.

— Ah! me dit-il, croyez bien, monsieur, que je

suis touché de votre bonté, et que j'en suis moins indigne que ne semble l'indiquer ma triste situation. Si le repentir et une douleur comprimée à chaque instant du jour méritent le pardon de la faute d'un instant, le mien m'est acquis depuis longtemps, je vous le jure... Que je revoie la France, et l'avenir vous prouvera la sincérité de mon langage.

Eh bien, cet homme qui parlait ainsi rentra en France.

Une année après, qui l'eût pensé? condamné de nouveau, il revenait à la Guyane.

— Comment, lui dis-je, c'est vous? vous qui juriez de vivre honnêtement, si jamais vous aviez le bonheur de revoir la France... A quoi donc vous ont servi vos sages résolutions?

— Hélas! monsieur, me dit-il tristement, on s'imagine qu'on n'a qu'à dire : « Je serai un honnête homme, » pour le redevenir. Quand une fois on a été au bagne, la chose n'est pas si facile que cela. Autant dire : « Je ne tomberai pas dans le gouffre, quand même la terre manquerait sous mes pieds. »

Il me conta alors tous ses efforts pour se faire une existence honnête et vivre de son travail. Se présentait-il dans une maison, il lui fallait des certificats, qu'il n'avait pas. Parvenait-il à s'y introduire, en dissimulant son passé, zèle, probité, ne servaient de rien : le jour où l'on découvrait qu'il avait traîné la chaîne du bagne, il était honteusement chassé.

Rejeté de la partie saine de la population, il rencontra ses anciens compagnons de Brest et de Toulon.

Il m'apprit, chose que j'ignorais, que, traqués de toutes parts, ces parias de la société ont établi une ligue contre elle; qu'il existe entre eux une sorte d'association occulte, laquelle dénonce aux patrons, par des lettres anonymes ou d'autres moyens, ceux de leurs anciens camarades qui veulent revenir à une existence honnête et laborieuse. Lui, faible de caractère, perdit la tête dans cette lutte sans issue; le désespoir s'empara de son âme. Il se fit volontairement renvoyer à la Guyane.

Voilà pourquoi, j'ai dit et je répète qu'en la débarrassant de ces ennemis, que lui fait fatalement une organisation vicieuse, le Gouvernement à entrepris une œuvre utile à la société, et philantropique envers ces hommes eux-mêmes, puisqu'il les transporte dans un pays vierge, où, sachant ce qu'ils ont été, on ne leur refusera pas le travail, seule voie qui conduise à la rédemption...

L'homme ne fait pas le mal pour le seul plaisir

de le faire. Il y est poussé le plus souvent par un intérêt cupide à satisfaire, par une passion quelconque à assouvir...

Quand il a reconnu par un châtiment longuement supporté qu'il est plus habile de faire le bien, il reviendrait souvent, sinon à des sentiments, du moins à une vie honnête, si la société lui en laissait les moyens. Sur les pénitenciers, où l'on savait conduire ces hommes, leurs mauvais instincts étaient comme assoupis; ils avaient la conduite, et reprenaient vite la physionomie d'hommes comme tous les autres. Il en était plus d'un d'ailleurs, je l'ai dit, qui était encore capable de faire le bien. A Saint-Augustin, si un certain nombre d'entr'eux avaient eu l'énergie de s'entendre pour quelque révolte à main armée, la grande majorité aurait mis obstacle, j'en suis convaincu, à leur dessein.

Aussi l'idée du passé de ces malheureux finissait par s'effacer peu à peu à nos yeux, et nous arrivions à ne voir en eux que des êtres qui souffraient avec résignation.

Il m'est resté à la mémoire bien des scènes du genre de celle que je viens de raconter, où leur sort n'a pas été sans me toucher profondément.

Un jour, par exemple, me promenant pour examiner l'état des cultures, je fus abordé par un concessionnaire, restant seul d'un groupe assez nombreux.

C'était un des libérés les plus énergiques et en même temps les plus doux et les plus laborieux de l'établissement.

Quelque temps auparavant j'avais eu occasion de visiter sa cabane.

A l'extérieur, tout était tenu avec un soin extrême. Il avait divisé le terrain autour de sa maison comme le jardinier le plus habile. Les allées étaient d'une propreté qui faisait plaisir à voir. Dans les plates-bandes, bordées d'ananas, dont les fruits commençaient à prendre la couleur de l'or, les *patates*, les *choux-caraïbes*, les *gombauds*, les *bananiers*, etc., semblaient venir à merveille; les poules picoraient joyeusement sur un tas de fumier; la vache, attachée à un palmier-nain, sur la lisière du bois, devant une litière d'herbe du *Para* bien verte, coupée le long de la rivière, poussait de temps à autre un long beuglement.

L'aspect de l'intérieur de la cabane me fit bien augurer du propriétaire. Tout y était dans un ordre parfait. Au-dessus du lit, on voyait une image de la Vierge, donnée par l'aumônier. Sur l'une des cloisons était clouée une grossière lithographie représentant cette figure populaire, dont la silhouette se dessinait naguère au-dessus de la grande colonne.

Ces souvenirs de la patrie et de la religion de l'enfance dans cette case d'un ancien forçat, au milieu de ces solitudes, prouvaient que quelques bonnes semences, étouffées longtemps par l'ivraie, repoussaient enfin dans le cœur de ce malheureux.

Quand il m'aborda, ce jour-là, il avait la tête basse; il tenait à la main son chapeau de paille, qu'il roulait avec embarras entre ses doigts.

J'avais remarqué, en arrivant, que les alentours de la cabane étaient moins bien tenus qu'autrefois. Les animaux n'égayaient pas le paysage de leur présence. Les poules avaient disparu. La vache enfermée à l'étable avait maigri, faute sans doute d'une nourriture suffisante. Les plantes elles-mêmes, abandonnées depuis plusieur jours, avaient la contenance abattue de celui qui les cultivait d'ordinaire.

— Eh bien! lui demandai-je, comme si je n'avais rien vu de tous ces symptômes de découragement, cela va toujours bien, n'est-ce pas?

— Oh! commandant, répondit-il; je vous en supplie (et il fit un mouvement comme pour se jeter à mes pieds), je vous en supplie, faites-moi rentrer au camp.

J'essayai de lui remonter le moral.

— Comment! lui dis-je; il y a quelque temps vous étiez content : vos animaux prospéraient; vous vendiez au village des poules et des œufs ; vos légumes poussaient à merveille, et voilà maintenant que pour quelque *fiévrotte*, vous voulez tout abandonner, renoncer à des résultats qui vous ont coûté tant de peine, et commençaient à améliorer votre situation.

Il se mit à fondre en larmes... Cette douleur d'enfant chez un homme d'une stature herculéenne me remua malgré moi.

— J'ai toujours la fièvre, me dit-il, dans peu de temps je ne serai plus. Puisqu'il faut mourir, mon commandant, je vous en supplie encore, laissez-moi mourir avec du monde autour de moi, et non pas seul ici, tout seul avec mon désespoir.

Je lui permis de rentrer au village. Quelques jours après, il était admis à l'hôpital. Il eut, du moins, la suprême consolation qu'il me demandait, la seule que je pusse lui accorder.

XXVI

L'histoire de ce concessionnaire est celle de tous les transportés qui essayèrent de cultiver la terre à la Comté. Aussi avec l'expérience de chaque jour s'affermissait de plus en plus en moi cette conviction qu'on n'y bâtirait jamais que des *nécropoles*.

Les chirurgiens militaires, qui prennent les hommes dans l'état où on les leur donne, et prolongent ensuite, autant qu'ils le peuvent, leur existence; ces admirables sœurs de charité [1], venues dans ces déserts pour soigner ces criminels et les aider à bien mourir ; les pères-aumôniers dont la seule pensée était de sauver des âmes et le seul désir de mourir eux-mêmes à la tâche, de la mort des martyrs: voilà ceux qui faisaient à la Comté,

---

1. Les Sœurs qu'on appelle dans nos colonies *Sœurs de charité*, et qui soignent nos compatriotes dans les épidémies qui désolent si souvent ces pays, sont de l'ordre de *Saint-Paul-de-Chartres*. Elles ne sont pas moins sublimes de dévouement que les célèbres Sœurs de *Saint-Vincent-de-Paul*. Leur nombre est d'environ soixante à la Guyane. Il y en avait cinq à Saint-Augustin et six à Sainte-Marie.

chacun dans la ligne de son devoir et de ses convictions, une œuvre vraiment sérieuse et rationnelle.

J'avais toujours été disposé à montrer dans l'exercice de mon commandement une bienveillance toute particulière pour ces médecins du corps et de l'âme. Mais, dans les derniers temps de mon séjour à la Comté, j'étais arrivé à considérer comme mon premier devoir de seconder, autant qu'il dépendait de moi, tous leurs efforts.

Traiter avec respect les saintes Sœurs, mettre au service de ces filles de France, exilées volontairement dans ces forêts malsaines, au milieu de tels hommes, tout le bien-être dont nous pouvions disposer, leur rendre leur mission moins pénible, c'était obéir à un besoin du cœur, que quiconque eût éprouvé à notre place. Le jour où le canot de l'*Oyapock* avait débarqué à Saint-Augustin notre *Supérieure* et les quatre sœurs qui l'accompagnaient, nous avions tous ressenti, à la vue de ces cornettes blanches et de ces robes de bure, une émotion, qui fut le gage de la vénération dont chacun les entoura, dans les bons, et surtout dans les mauvais jours.

Pour les aumôniers, bien que leur soutane nous rappelât aussi les souvenirs de l'enfance et de la patrie, ils furent moins bien accueillis dans le début. C'étaient des Jésuites. Ce nom seul suffisait pour qu'on fût prévenu contre eux. Mais, tout en réservant leur jugement sur les tendances de la célèbre compagnie, la plupart d'entre nous apprirent vite à estimer ceux de ses membres qu'ils virent à l'œuvre à la Comté. On admirait en eux une foi vive unie à la tolérance, la science marchant de pair avec la modestie, et un sentiment du devoir, un respect de la règle, un courage, une patience et une abnégation, dont ils n'eurent que trop souvent à donner des preuves sur les Pénitenciers. Deux de ceux que j'ai connus à Sainte-Marie et à Saint-Augustin sont morts à la tâche, qui étaient devenus pour moi de vrais amis, dont le souvenir vivra toujours dans mon cœur[1]. En même temps que je

---

1. Le Père Xavier *Raulin*, mort au Iles du Salut le 28 juillet 1855, et le Père Jean *Alet*, qui succomba, à Sainte-Marie, aux atteintes de la fièvre jaune, le 23 septembre de la même année.

Le Père Raulin fut le premier aumônier de Sainte-Marie. Il avait une physionomie bien faite pour modifier l'opinion de certains d'entre nous sur tous ceux qui portaient l'habit de son Ordre. C'était un jeune homme de vingt-huit ans, à la physionomie ouverte, au regard franc, presque fier. Bien que d'une grande simplicité, il n'était pas, je vous assure, plus humble à l'occasion qu'il ne le fallait. Je le vois encore, le dimanche, debout devant l'autel, sous le grand hangar de Sainte-Marie, se frappant la poitrine et criant aux condamnés : « Quoi! moi,

remplissais ce double devoir envers les aumôniers et nos sœurs de charité, je m'efforçais de rendre

jeune, instruit, bien né, me sentant une âme capable de toutes les tendresses, j'ai tout abandonné : fortune, avenir, amis, parents, patrie, pour venir ici sauver quelques âmes, les envoyer au ciel et puis mourir... Quel stupide insensé serais-je donc, s'il n'y avait ni âme, ni ciel. Mais ils existent, mes amis. Je les vois en moi-même aussi clairement que vous voyez ces forêts immenses qui nous entourent. »

Le Père Alet était moins éloquent que le Père Raulin. Sa foi avait moins de ce feu extérieur qui distingue les vrais apôtres. Je savais cependant que le zèle travaillait son âme, et qu'il avait un ardent désir d'aller catéchiser les Indiens épars entre l'Oyapock et les Amazones. Mais ses aptitudes et sa faible santé en faisaient plutôt un homme de cabinet. Il avait une vaste érudition, une parole élégante et facile, que paralysait malheureusement trop de timidité, mais qui avait un grand charme dans l'intimité. Quand j'allais le voir à Sainte-Marie, il me faisait asseoir dans sa petite chambre, à l'angle de laquelle, caché par un rideau d'étoffe blanche, se dressait l'autel où il disait la messe chaque matin. Quelles bonnes causeries nous avons faites là! Il me donnait maints détails intéressants et ignorés sur les travaux, les voyages et les missions des anciens jésuites. J'en ai retrouvé quelques-uns dans un livre, publié à Paris en 1857 sous le titre de *Mission de Cayenne*. Ce livre contient une lettre ravissante du Père Alet sur un voyage qu'il fit à la *Montagne d'argent* et à *Saint-Georges*, dans l'Oyapock. En la relisant, il me semblait voir revivre toutes les qualités de ce charmant esprit et de cet excellent cœur.

Le troisième et dernier jésuite que j'aie connu est le Père *Le Roy*, qui fut aumônier de Saint-Augustin. C'est lui qui me dit ce mot que j'ai retenu. Un jour j'entrai dans sa chambre. Je le trouvai couché avec une fièvre affreuse. Comme le nombre des malades était fort grand en ce moment et que son *socius* (c'est le Frère qui accompagne toujours chaque Père) n'avait pu enplus facile le pénible service de nos chirurgiens, et de placer nos malades dans de meilleures con-

core être envoyé à Saint-Augustin, faute de logement pour le recevoir, il était là, oublié depuis plusieurs heures, mourant de soif, privé de tout soin... Malgré cela, il avait un visage calme et recueilli. Je m'en étonnai :

— Mon père, lui dis-je, nous sommes tous ici soumis aux mêmes maux ; mais au moins, quand nous sommes malades, nous, nos camarades nous entourent. Leur présence nous soutient. Comment pouvez-vous ne pas vous laisser aller au découragement, étant ainsi toujours seul ?

« *Mais je ne suis jamais seul,* » me répondit-il simplement.

— La mission a été durement éprouvée depuis les débuts de la transportation. De 1853 à 1857, elle a perdu :

Le P. *Herviant*, à Cayenne, le 12 juin 1853.

Le P. *Morez*, à la Montagne d'argent, le 3 octobre 1853.

Le P. *Bigot*, à Saint-Georges, le 28 avril 1854.

Le P. *Raulin*, aux Iles du Salut, le 28 juillet 1855.

Le P. *Alet*, à Sainte-Marie, le 23 septembre 1855, qui demanda, par un sentiment d'humilité, à être enterré au milieu des transportés, dont le cimetière était séparé de celui des personnes libres.

Le P. *Stump*, Supérieur, à Cayenne, le 20 avril 1856.

Le P. *Dabbadie*, à Cayenne, le 11 mai 1856.

Le P. *Boulogne*, à l'Ile-la-Mère, le 20 septembre 1856.

Les cinq dernières victimes, (j'en omets peut-être) succombèrent pendant l'épidémie de fièvre jaune qui régna de 1855 à 1857.

Voilà une trop longue note, à laquelle j'ai été entraîné par de chers et douloureux souvenirs. Mais ce n'est pas une simple note qu'il faudrait pour faire l'histoire, à la Guyane, des Jésuites d'autrefois et de ceux d'aujourd'hui. Si jamais une étude sur la transportation en ce pays, curieuse au point de vue psychologique, est écrite un jour, ce sera évidemment par un de ces missionnaires.

ditions hygiéniques, en poussant activement à la construction de l'hôpital, vaste pour l'établissement, que nous avions entrepris de bâtir.

Quand tout le personnel, hommes libres et transportés, fut logé sainement; que l'effectif de Saint-Augustin put être porté à cinq cents hommes; que celui de Sainte-Marie, qui était d'une trentaine de personnes, on se le rappelle, à notre arrivée, dépassa le chiffre de huit cents; quand enfin l'hôpital de Saint-Augustin et ses dépendances furent entièrement achevés, je crus en avoir assez fait, pour céder la place à un autre. Je demandai à rentrer en France.

Malheureusement, l'amiral B..., venait, à la suite de l'épidémie qui désola la Guyane, et faillit l'emporter lui-même, de quitter la colonie. Le Gouverneur intérimaire tenait à remettre à son successeur les différents services dans l'état où il les avait reçus. Il me pria de rester quelque temps encore à Saint-Augustin. Dès l'arrivée de l'officier général qui remplaça l'amiral B..., je renouvelai ma demande. Le nouveau gouverneur voulait étudier les différents rouages de la machine confiée à ses soins, avant d'en modifier aucune des parties. Chacun dut rester à son poste. Voilà comment je fus entraîné à vivre, plus de trois ans, dans les bois de la Comté,

Cependant un grand changement s'opéra bientôt à Saint-Augustin. A la première visite qu'il y fit, le nouveau Gouverneur réunit les libérés. Il leur fit part des instructions qu'il avait reçues, d'après lesquelles la plupart d'entre eux allaient revoir la mère-patrie. Ceux qui voudraient ne pas quitter la Guyane seraient transférés sur l'habitation *Montjoly* dans l'île de Cayenne à une faible distance du chef-lieu.

Cette nouvelle ne fut pas seulement un grande joie pour les libérés de Saint-Augustin ; mais un immense allègement pour celui qui commandait l'établissement. L'abandon du système général adopté à le Comté lui faisait espérer l'abandon du pays lui-même. Ce ne fut pourtant que plus de deux ans après qu'on se décida à prendre cette résolution, pénible, au point de vue des dépenses et des sacrifices qu'avaient coûtés Sainte-Marie et Saint-Augustin.

Après le départ des libérés ce dernier établissement fut, comme Sainte-Marie, occupé exclusiment par les condamnés aux travaux forcés, n'ayant pas encore fini leur peine. Mais il conserva toujours l'aspect d'un village libre. On n'y éleva pas de blockhaus ; on ne l'enferma pas dans un enceinte palissadée. Il en résulta un double bienfait : plus de fraîcheur et moins d'évasions.

Tous les hommes sont ainsi faits : accordez-leur une liberté, ils n'en useront peut-être pas ; mais retirez-la leur, ils la voudront prendre, dût-elle les entraîner à une perte certaine. C'est la vieille histoire du fruit défendu, vieille comme le monde. La démonstration de cette vérité si souvent démontrée fut complète à Saint-Augustin.

Un soir la gendarmerie s'empara de quatre transportés, au moment où ils s'éloignaient du camp. Le lendemain à deux heures, quand tous les hommes furent réunis pour le travail, je les fis conduire devant leurs camarades.

« Voilà, leur dis-je, quatre des vôtres qui ont quitté l'établissement. On les a arrêtés. Vous savez les peines correctionnelles que les règlements autorisent à appliquer en pareil cas. Il n'en sera pas fait usage : le désir d'être libre est chose trop naturelle. Mais qu'espérez-vous, voyons, en vous enfonçant dans ces bois déserts ? Arriver sans doute à quelque partie privilégiée du pays, à quelqu'Eldorado, où vous pourrez vivre sans maladie, et vous suffire à vous-mêmes. Pensez-vous que si le gouvernement le connaissait, cet Eldorado, nous n'y serions pas déjà ? N'était l'humanité, le soin seul de ses intérêts l'y engagerait : ce serait pour lui une économie de plusieurs millions chaque année. Le but, le but unique qu'on se propose, en mettant obstacle à vos évasions, c'est de vous empêcher de mourir dans ces bois, dévorés par la faim et la fièvre, et de devenir, vivant encore, la proie des animaux.

» Vous n'en croyez rien. Je vais vous prouver que c'est la vérité. Vos camarades veulent quitter le camp ; ils sont libres. Gendarmes, ôtez les menottes à ces hommes. Déposez devant eux tout ce qu'ils avaient préparé pour leur évasion. J'y ai fait ajouter quinze jours de vivres. Ce n'est pas trop pour le voyage qu'ils vont entreprendre. Ceux que la fièvre aura épargnés et qui périront par la faim, m'auront du moins cette obligation d'avoir prolongé de quinze jours leur existence. Défense expresse est faite aux surveillants, aux soldats, aux gendarmes d'inquiéter ces hommes jusqu'à demain soir. Ce temps leur est laissé pour s'éloigner de l'établissement. »

Quand les gendarmes leur eurent délié les mains, ils restèrent muets de surprise devant leurs provisions étalées à leurs pieds. Aucun d'entre eux ne voulut profiter de la liberté qui leur était *octroyée*. Leurs camarades se moquèrent d'eux : ce fut leur seule punition.

Le dimanche suivant, le R. P. Le Roy apporta à mon petit discours la confirmation de la parole sacrée. Depuis ce moment, jusqu'à celui où je quittai St-Augustin, aucune évasion nouvelle ne fut tentée.

La contre-épreuve eut lieu à Sainte-Marie. Malgré l'enceinte palissadée, malgré les quatre blockhaus, malgré une discipline beaucoup plus sévère, — je devrais peut-être dire grâce à tout cela, — les évasions furent excessivement fréquentes. Les bois de la Comté devinrent alors le théâtre de scènes épouvantables.

Un jour, comparurent devant le tribunal *Maritime spécial*, qui juge les forçats à Cayenne, huit transportés de Sainte-Marie. Ils avaient, à la suite d'un évasion, dévoré deux des leurs, à quelques lieues seulement de l'établissement. On retrouva, d'après leurs vagues indications, des restes horribles qui rappelaient les festins des cannibales.

La guillotine se dressa à Sainte-Marie, au milieu de ces forêts vierges, et trois têtes tombèrent le même jour.

Les crimes furent, à Saint-Augustin, plus rares encore que les évasions. Pendant le temps que j'y séjournai, un seul fut commis, et par un homme en état d'ivresse.

Les transportés étaient, avons-nous dit, privés

18

de toute boisson alcoolique. Ceux qui leur en procuraient s'exposaient à des punitions sévères. C'était une mesure de prudence, doublement motivée par la nature de ces hommes qu'on ne peut dominer que lorsqu'ils sont *à jeun* (vous m'entendez assez), et par les effets terribles que produit l'alcool sous ces climats de feu. Un jour, un baril vide, qui avait contenu du *taffia*, fut laissé en dehors du magasin aux vivres. Un transporté, Espagnol d'origine, nommé *Fernandez*, eut l'idée d'y verser quelques litres d'eau. Ce breuvage, chauffé par un soleil ardent, le jeta dans un état voisin de la folie. Armé d'un couteau de boucher, il tua en quelques minutes deux personnes : un de ses camarades, et un surveillant, du nom de *Probst*, malheureux soldat qui avait échappé aux balles russes, pour venir tomber ici sous les coups de ce forçat.

C'est le seul mauvais souvenir que m'aient laissé les transportés, (libérés ou condamnés) qui ont habité Saint-Augustin. Je leur ai vu pourtant subir des épreuves, qui eussent pu les porter à des actes de désespoir. Pendant deux ans, au mois de juillet, les fièvres du pays firent de tels ravages, que le camp n'était plus, pour ainsi dire, qu'un vaste hôpital. Les travaux étaient à peu près interrompus. Dans les rues, on ne voyait que visages pâles et amaigris de gens qui semblaient sortir du tombeau. Ce n'était pas assez des maladies locales, l'hydre des contrées tropicales, la fièvre jaune, s'abattit, un jour, sur nous.

D'après certains climatologistes, les éléments de ce mal terrible sont répandus, comme un gaz subtil, dans l'atmosphère des pays chauds. Mais de même, disent-ils, qu'il faut une étincelle pour allumer le *grisou* dans les mines, il faut un *foyer d'infection*, pour que l'épidémie éclate dans l'air de ces pays.

En février 1855, un navire, à l'aspect délabré, mouilla sur la rade de Cayenne. C'était une vieille frégate, la *Durance*, destinée à servir de ponton pour les condamnés [1]. Ce navire était mal tenu, et chargé de vivres, qui furent avariés pendant la traversée. Il devint le foyer pestilentiel où se développa l'épidémie qui ravagea la colonie. La fièvre jaune se déclara d'abord sur le navire; du navire, gagna la ville. Ce fut alors, dans cette

---

1. Il y a aujourd'hui en rade de Cayenne quatre pontons ou *pénitenciers flottants* : la *Durance*, baptisée du nom de *Gardien*, la *Proserpine*, la *Chimère* et le *Grondeur*. Ces quatre navires contiennent environ sept cent cinquante condamnés. La plupart sont débarqués chaque jour et employés aux travaux du port et des Ponts et chaussées. Les autres sont occupés à bord à la confection de vêtements pour les transportés.

malheureuse cité, de véritables Vêpres-Siciliennes.
Quiconque arrivait de France, était, surtout s'il
avait jeunesse et santé, voué à une mort à peu près
certaine. On vit des navires qui avaient amené
dans la colonie certaines familles de militaires
ou d'employés, quitter le port, un mois après,
emportant veuves et orphelins en deuil. Dans
nos ports de mer, le nom de *Cayenne* sonna bientôt comme un glas funèbre. Ceux qui voyaient
partir leurs enfants pour ce pays se lamentaient, dit-
on, comme autrefois les familles des victimes que
conduisait au monstre de Crète la galère sacrée [1].

Deux jeunes chirurgiens de la Marine, *Hombron* et *Rabaud*, avec lesquels je m'étais lié en

---

[1]. « Pour l'habitant de l'intérieur, dit un écrivain qui a peint, d'un pinceau fidèle et ému, les mœurs des habitants de nos côtes, la fièvre jaune est une maladie semblable à mille autres qu'il connaît seulement de nom. Les traditions de famille et ses souvenirs personnels ne peuvent y attacher ni regrets, ni épouvante; mais chez nos populations maritimes ce mot retentit comme un glas funèbre : il ne rappelle point seulement un danger à courir, il fait souvenir des deuils anciens et récents. Là où chaque famille a un de ceux qu'il aime dans les lointaines contrées, on connaît trop bien ce mal terrible, en comptant ce qu'il a fait de veuves et d'orphelins. C'est, avec la tempête et les récifs, un des grands ennemis. Son nom prononcé produit le même effet que le vent qui siffle, ou la lame qui gronde; lorsqu'on l'entend, on se regarde et l'on pense aux absents, si l'on ne pense pas aux morts. » (Emile Souvestre. *En quarantaine*).

France d'étroite amitié, débarquent à cette époque à Cayenne. Le second avait vingt ans à peine. C'était le fils d'une honnête famille d'ouvriers de Rochefort, qui, après s'être privée de tout pour son éducation, avait mis en lui toutes ses espérances. Désireux d'embrasser mes amis, je sollicite du Gouverneur la permission de me rendre au chef-lieu. J'arrive. Je cours à la maison qu'ils habitaient tous deux. Tous deux étaient morts. Je vis vendre à la criée leurs vêtements, leur linge, etc. O misère! La main d'une sœur ou d'une mère y avait travaillé peut-être!...

Presque en même temps que mes malheureux amis, étaient arrivés à Cayenne un vieux soldat à tête blanchie, le commandant de gendarmerie M....., et sa fille, charmante enfant de dix-huit ans, radieuse de jeunesse et de santé. Le commandant n'avait d'autre parent au monde que cette fille : aussi il fallait voir de quelle sollicitude il l'entourait! Il n'avait pas d'ailleurs affaire à une ingrate. Jamais père ne fut, je crois, plus tendrement aimé.

Ils étaient venus, un jour, à bord de l'*Oyapock*, visiter la Comté. Elle montrait l'enthousiasme naïf et expansif de la première jeunesse. Tout l'émerveillait : le ciel, les eaux, les bois, la magnificence du climat.

18.

—Mon Dieu! que c'est beau! disait-elle, en voyant du haut de la colline de Saint-Augustin, la verte coupole de la forêt se dérouler immense devant elle.

Et comme elle se laissait aller envers son vieux père à un mouvement de tendresse, que, d'après nos sots usages, elle eût dû, même au milieu de ces bois, comprimer devant un étranger :

— Pardonnez-lui, monsieur, me dit le commandant; vous le voyez, c'est une enfant... Nous nous aimons trop, ajouta-t-il avec un sourire ému : il nous faudra mourir le même jour, à l'instar de Philémon et Beaucis...

Le lendemain, il nous quittait, tout joyeux de l'accueil qu'il avait reçu.

— Nous reviendrons, me dit-il. Mademoiselle a décidé que nous allions prendre *notre* retraite et nous installer dans vos grands-bois.

Ils se regardaient en souriant. Et moi, contemplant la figure colorée du père et la rayonnante jeunesse de la fille, je sentais, connaissant le Minotaure de ces pays, naître en moi de sombres pressentiments...

Quelques jours plus tard, ils étaient frappés presque en même temps. Il fallut les séparer l'un de l'autre. A ses derniers moments, la jeune fille n'eut pas un regret pour cette vie qui s'ouvrait devant elle, parée de toutes les illusions de la jeunesse : elle ne pensait qu'à son malheureux père.

— Mon Dieu, disait-elle, en sanglotant, qui l'aimera et le soignera, quand je ne serai plus?

Et le père, mourant dans une chambre voisine, s'écriait avec désespoir :

— O mon enfant, ma pauvre orpheline, ton vieux père mort, que vas tu devenir?

A son chevet, était un jeune chirurgien qui les avait soignés tous deux. Sa science avait été impuissante à sauver ces victimes. Pour la vie de l'une d'elles, il eût pourtant volontiers donné la sienne. Il pleurait, et dit au père :

— Soyez en paix, monsieur. Si Dieu vous rappelait à lui, voulez-vous me confier le sort de votre enfant? J'ai une mère qui sera la sienne, et je vous jure de la rendre aussi heureuse qu'elle pourrait l'être après un pareil malheur.

Le vieillard put mourir tranquille...

S'il est vrai que les âmes de ceux qui se sont aimés ici bas se rejoignent après la mort, le commandant n'eut pas longtemps à attendre sa fille.

Dieu n'avait pas voulu que cette charmante enfant ne laissât aucune trace de son passage sur terre. Son souvenir ne mourra pas dans le cœur de son fiancé de la dernière heure . . . .

La fièvre jaune fit le tour de la colonie. Ces scènes douloureuses se renouvelèrent souvent... Longtemps la Comté fut épargnée... Mais, avec les mouvements fréquents du personnel, un convoi de transportés devait fatalement y apporter l'épidémie. C'est ce qui arriva. Nous étions comme des soldats aguerris déjà par le bruit du canon. Chacun tombait à son poste, sans se plaindre. Les chirurgiens, l'aumônier, les sœurs de charité, furent comme partout, admirables de dévouement...

. . . .

Entre Sainte-Marie et Saint-Augustin, sur le versant d'un coteau à pente douce, existe une vaste clairière, formée par un ancien *abatis*. Un *balata* séculaire y étend, dessinant une grande croix avec le tronc, deux branches, que la flamme a noircies comme le reste de l'arbre. Quelques palmiers poussent sur la lisière du bois.

C'est là qu'était le cimetière de Saint-Augustin. Que de fois j'ai fait ce triste pèlerinage, et contemplé mélancoliquement cette terre, où je m'attendais à reposer chaque jour...

Enfin l'épidémie cessa...

Il y avait alors plus de trois ans que j'étais à la Comté. En me rappelant ce temps passé, je me dis aujourd'hui que nos souffrances physiques, étaient les moindres des maux que nous avons soufferts.

Ah! heureux qui n'a pas connu les heures amères de la solitude et de l'exil, qui n'est pas resté, de longs soirs surtout, sans voir autour de lui ni parents, ni amis; qui, pendant de longues années, n'a pas été privé de reposer son regard sur un visage de femme ou d'enfant! Dans les aspirations inassouvies qu'éprouve, en de telles conditions, un cœur jeune et aimant, on taillerait du bonheur pour plusieurs milliers d'hommes de ma connaissance; les douleurs de cette âme trop pleine et vide à la fois suffiraient à faire canoniser toute une légion de martyrs. Le ciel vous préserve, ami lecteur, ou même ennemi, de ces souffrances morales qui ont toute l'âcuité d'une souffrance physique, et sont mille fois plus intolérables qu'elle!... L'homme ne vit pas que de pain. Il est, même sous la casaque du soldat, des âmes tendres, des cœurs aimants, auxquels les saintes joies de la famille, les douces émotions du foyer domestique sont aussi nécessaires que l'air qu'ils respirent. Ils se demandent quelquefois, ceux là, pourquoi Dieu mit en eux tant de trésors que les exigences sociales devaient rendre inutiles et les glaces de l'âge couvrir, un jour, à jamais. Mais, qu'ils y réfléchissent; tout n'est-il pas ainsi en ce monde?... Que de perles au fond de la mer, de diamants au sein de la terre resteront toujours ignorés! La pauvre fleur qui naît entre les deux pavés d'une prison et meurt faute d'un peu de terre et d'air; une victime, jeune, douce et belle, comme mademoiselle M..., qu'avaient-elles fait pour ne pas vivre? Heur et malheur se coudoient sans cesse ici-bas. Tel a du bonheur plein la main, qui n'en connaît pas le prix. Tel autre n'a pas même la goutte d'eau de Lazare pour étancher sa soif. Nos faibles yeux cherchent en vain la cause d'une si inégale distribution du bien et du mal. Nous aurons peut-être, un jour, la solution de ce grand problème. La foi seule, en attendant, indique une consolation : l'espérance; un remède : la charité! On peut espérer et soulager même dans les déserts de la Comté...

Et quand la foi faisait défaut ?... Restait le sentiment du devoir accompli ; mais il ne suffisait pas pour nous faire mourir de bon cœur comme les religieuses et les pères Jésuites.

J'avais sollicité de nouveau mon rappel en France. Le Gouverneur en référa au Ministre. Ma demande fut, cette fois, favorablement accueillie.

Un matin, une pirogue, m'attendait au dégrad.

Si l'œuvre ne prospérait pas, je quittais, du moins, le pays avec la conscience d'y avoir fait de mon mieux mon devoir, et adouci, autant qu'il dépendait de moi, le sort de ceux qui furent sous mes ordres... Peut-être laissai-je quelque regret derrière moi... Un chagrin réel fut celui de mon fidèle Télémaque. Je le trouvai au *dégrad*. Il se tenait à l'écart, n'osant se mêler aux officiers qui m'accompagnaient. Je m'approchai de lui... Il pleurait.

— Allons, Télémaque, lui dis-je, ne te désole pas ainsi! Te rappelles-tu que lorsqu'Eudore et toi, vous ne vous étiez pas vus depuis de longs mois, et que nos deux pirogues se rencontraient,

— Courage! *frère*, lui disais-tu.

— Courage! *frère*, répondait ton fils [1]?

C'est l'image de la vie, mon vieux compagnon. Nos pirogues ont voyagé, côte à côte, pendant trois années. Aujourd'hui elles vont se séparer pour toujours. Mais il est un grand carbet là-haut où nous nous retrouverons un jour. Adieu, mon vieil ami! garde mon souvenir comme je garderai le tien. Sois pour le nouveau comman-

---

1. Textuel. *Courage! frère*. Ce sont les seuls mots que se disent la plupart du temps les nègres de la Guyane, quand leurs pirogues se croisent.

dant ce que tu as été pour moi. C'est un brave garçon qui sera bon pour toi.

— *Ah! ça pas la même chose,* répondit-il tristement.

Et comme son chagrin semblait redoubler, j'essayai de lui laisser, en partant, une parole de consolation.

— Fussé-je resté ici jusqu'à la dernière heure de l'établissement, nous n'aurions pas eu longtemps à nous voir encore, lui dis-je. Le pays est trop malsain. On l'abandonnera, après y avoir creusé quelques tombes de plus... Si mes tristes prévisions se réalisent, quand les lianes auront envahi la place où nous sommes, et que ta pirogue passera sous la colline *Power,* lève les yeux vers cet amphitéâtre de palmiers, que nous avons plantés ensemble, et envoie un souvenir à *ton commandant.* — Adieu, lui dis-je encore, en montant dans la pirogue qui m'emportait pour toujours. Voici mon adresse en France; fais moi écrire, s'il t'arrivait quelque chose d'heureux ou de malheureux.

Je serrai sa main noire. Au moment où nous perdîmes de vue le quai de Saint-Augustin, je l'aperçus une dernière fois, debout et immobile à la même place... Depuis mon retour en France, je n'ai pas eu de nouvelles de mon vieux compagnon des bois... A-t-il oublié « *son commandant* » ? Le soir, dans son carbet, assis silencieux devant son foyer, n'a t-il jamais eu une pensée pour lui?

Peut-être !...

Deux mois plus tard, je revoyais la France. Nous arrivâmes au Havre par un temps gris et sombre, mais il semble toujours bleu aux exilés qui reviennent, le ciel de la patrie! Le Docteur V..., mon vieux compagnon de la Comté, et trois autres officiers, que j'avais connus à la Guyane, étaient embarqués sur le même navire que moi.

Quand le *France-et-Brésil* franchit la jetée, on vit des femmes, des enfants, des vieillards formés par groupes. Ils tendaient les bras vers les êtres chéris qu'avaient épargnés ces climats meurtriers. La joie les rendait tout pâles. Et lorsque le canot qui portait les passagers toucha le rivage, quels cris de joie! Les jeunes femmes se jetaient au cou des arrivants; les enfants leur entouraient les jambes de leurs petits bras; les vieux parents attendaient leur tour, en souriant, mais les lèvres tremblantes... On se regardait, comme pour s'assurer de la réalité de son bonheur; on riait, on pleurait, et puis on se tenait longtemps embrassés sans rien dire... Quels moments ! ils paient toutes les souffrances du passé !

C'était quelques jours après la fête du 15 Août ; deux des officiers qui avaient servi dans la Comté apprirent en débarquant que l'Empereur venait de leur donner la croix... Le premier moment de joie passé, ils se serrèrent la main, en échangeant un triste regard :

— D'autres avaient aussi leur croix, pensaient-ils sans doute, à l'ombre de laquelle ils dorment

« Sur le coteau là-bas où sont les tombes. »

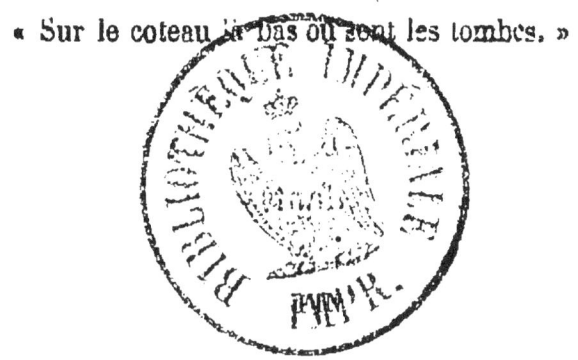

www.ingramcontent.com/pod-product-compliance
Lightning Source LLC
Chambersburg PA
CBHW060649170426
43199CB00012B/1719